Por uma história-mundo

Coleção
HISTÓRIA & HISTORIOGRAFIA

Coordenação
Eliana de Freitas Dutra

Patrick Boucheron
Nicolas Delalande

Por uma história-mundo

Tradução
Fernando Scheibe

Revisão técnica
Vera Chacham

autêntica

Copyright © 2013 Presses Universitaires de France
Copyright © 2015 Autêntica Editora

Título original: *Pour une histoire-monde*

Todos os direitos reservados pela Autêntica Editora. Nenhuma parte desta publicação poderá ser reproduzida, seja por meios mecânicos, eletrônicos, seja via cópia xerográfica, sem a autorização prévia da Editora.

COORDENADORA DA COLEÇÃO HISTÓRIA E HISTORIOGRAFIA
Eliana de Freitas Dutra

EDITORA RESPONSÁVEL
Rejane Dias

EDITORA ASSISTENTE
Cecília Martins

PROJETO GRÁFICO
Diogo Droschi

REVISÃO
Priscila Justina
Lúcia Assumpção

CAPA
Carol Oliveira

DIAGRAMAÇÃO
Jairo Alvarenga Fonseca

Dados Internacionais de Catalogação na Publicação (CIP)
(Câmara Brasileira do Livro, SP, Brasil)

Boucheron, Patrick
  Por uma história-mundo / Patrick Boucheron, Nicolas Delalande ; tradução Fernando Scheibe. -- 1. ed. -- Belo Horizonte : Autêntica Editora, 2015.

  Título original: Pour une histoire-monde.
  ISBN 978-85-8217-612-2

  1. História moderna 2. Historiografia - Europa - 1990- 3. Relações culturais I. Delalande, Nicolas. II. Título.

15-02451   CDD-907.2

Índices para catálogo sistemático:
1. História e historiografia 907.2

Belo Horizonte
Rua Aimorés, 981, 8º andar . Funcionários
30140-071 . Belo Horizonte . MG
Tel.: (55 31) 3214 5700

Televendas: 0800 283 13 22
www.grupoautentica.com.br

São Paulo
Av. Paulista, 2.073, Conjunto Nacional,
Horsa I . 23º andar, Conj. 2301 . Cerqueira
César . 01311-940 . São Paulo . SP
Tel.: (55 11) 3034 4468

SUMÁRIO

O entreter do mundo 7
   Patrick Boucheron

A história redescoberta? 21
   Jacques Revel

Um mundo de impérios 29
   Jane Burbank e Frederick Cooper

A Inglaterra, a China e a Revolução Industrial 39
   Éric Monnet

O gosto pelo arquivo é poliglota
Entrevista com Sanjay Subrahmanyam 47
   Anne-Julie Etter e Thomas Grillot

Holandeses e javaneses, história de um encontro incerto 55
   Philippe Minard

O tesouro dos Ephrussi
Literatura e história conectada 63
   Ivan Jablonka

Bibliografia selecionada 72

Os autores 79

O entreter* do mundo

Patrick Boucheron

> *Que palavra mais bela em francês, mas tão modesta, ou que recurso mais belo de nossa língua, precisamente, este verbo: "entre-ter". Ter o entre, ter pelo entre, ter um pouco de entre nas mãos. O entreter do mundo: finalmente nos metemos aí.*
>
> François Jullien, L'écart et l'entre. Leçon inaugurale de la Chaire sur l'alterité [O desvio e o entre. Aula inaugural da Cátedra sobre alteridade], Paris, Galilée, 2012, p. 65.

Metemo-nos aí finalmente? Essa é a fábula que tentam nos vender hoje. Como todos os produtos do *storytelling* historiográfico, ela é a um só tempo convincente e inexata. Resumindo o argumento: os historiadores franceses teriam perdido a virada global impulsionada por pioneiros americanos no início dos anos 1980, no momento em que se reformulava a ordem do mundo. Atolados nas querelas de herança suscitadas pelo embaraçoso legado braudeliano, extraviados pelas sereias da *microstoria* que fazia a história em migalhas, incapazes de se dar conta do quanto a França encolhera, transformada em potência mediana da historiografia, exportando sua *French Theory* como outros exportam conhaque ou bolsas (ou seja, como um produto de luxo para elites mundializadas), deixavam, tolamente, de responder ao chamado da *World History*. Daí o encadeamento habitual das reações que seguem toda abstenção

---

* Em francês, *entretien*: manutenção, conservação, mas também conversa, entrevista... Optei pela substantivação do verbo "entreter" para manter o jogo com o prefixo "entre". [N.T.]

voluntária: primeiro a denegação – tivemos toda a razão em resistir com valentia a essa onda historiográfica hegemônica que, depois dos *Atlantic Studies*, dava continuidade à Guerra Fria por outros meios; a seguir, o remorso: recuperemos logo o tempo perdido e sejamos todos, total e imediatamente, *world* historiadores, com a jovial energia dos novos convertidos.

Há várias maneiras de nuançar, e até de refutar, essa maneira de apresentar as coisas, que repousa evidentemente numa visão fantasiosa das relações de força historiográficas entre os dois lados do Atlântico. Contentemo-nos aqui com três argumentos. O primeiro consiste em recordar que, por uma ignorância que foi inicialmente militante, antes de se tornar consentida, atribui-se à *World History* uma coerência, uma influência e uma inventividade que ela provavelmente não possui nas universidades americanas. Coerência: convém dizer, de uma vez por todas, que a *Global History* e as *Connected Histories*, por exemplo, não têm quase nada em comum do ponto de vista metodológico ou epistemológico; a primeira costuma propor uma grande narrativa, de longa duração e cobrindo vastos espaços, sobre fenômenos muito gerais, agenciando informações heterogêneas, ao passo que as "histórias conectadas" repousam na exploração intensiva de recursos arquivísticos locais para abordar de perto as interações sociais. Influência: se, ao contrário do que acontece na França e em boa parte da Europa, existem nos Estados Unidos programas, cursos e cátedras de história mundial, estas representam apenas uma ínfima parcela da história lá ensinada.[1] Inventividade: ela constitui uma corrente de estudo bastante consensual, em todo caso mais convencional do que se imagina, e que só concerne marginalmente aos historiadores – já que seus primeiros promotores foram principalmente os cientistas políticos, os economistas ou os demógrafos.[2] O segundo argumento fere o orgulho nacional: se os especialistas nessas disciplinas mundializadas

---

[1] Segundo Pierre Grosser (2011, p. 14), menos de 3% dos postos de professores de História nas universidades mundiais são consagrados aos estudos transnacionais. O autor propõe um balanço bastante completo da situação mundial em seu artigo.

[2] Ver, por exemplo, Chloé Maurel (2009).

fingem às vezes, por hábito ou cálculo, referir-se polidamente aos historiadores da velha Europa, decerto não é com eles que querem travar os debates decisivos, e sim com seus interlocutores asiáticos e, em breve, latino-americanos – o desafio sendo, claro está, o de aplicar ao mundo inteiro as classificações da dominação econômica, partilhando a liderança entre grandes potências e emergentes. E caso se trate – terceiro argumento – de se interessar, apesar de tudo, pela historiografia de língua francesa (o que faremos aqui, sem ilusão excessiva nem complexo de inferioridade), poderíamos muito bem produzir uma contranarrativa tão convincente, mas também tão imprecisa, quanto aquela que se impõe hoje. Mostraríamos então que, desde a fundação em 1953, por Lucien Febvre, sob a égide da UNESCO, dos *Cahiers d'Histoire Mondiale* [Cadernos de História Mundial], até hoje, passando pelo esforço contínuo, obstinado e, em grande parte, ignorado dos especialistas das áreas culturais, a historiografia francesa nunca deixou de lidar com o mundo – como escala de compreensão ou como objeto de análise.

Os textos que compõem este pequeno volume contam, portanto, uma história (o surgimento da *World History* na historiografia francesa como uma divina surpresa), ao mesmo tempo em que sugerem alguns meios de superá-la. Não proporemos nesta breve introdução um balanço historiográfico sobre a história mundial: já existem muitos deles, eruditos e exaustivos.[3] É, aliás, uma das especificidades da recepção francesa da *World History* a de ter se colocado logo de saída no terreno epistemológico. Esse gênero florescente está longe de se esgotar, afinal, nada mais lisonjeiro para a corporação historiadora do que se entregar às delícias das sutilezas classificatórias: os historiadores continuarão ainda por muito tempo dissertando sobre as etiquetas, perguntando-se o que está mais para global ou para mundial, para conectado ou para comparado, subalterno ou pós-colonial – para não falar da *Big History* (CHRISTIAN, 2004) e da *Deep History* (SHYROCK; SMAIL, 2012) dos *campi* americanos, sempre na frente na corrida para a generalização.

---

[3] Além dos já citados, ver, especialmente, Caroline Douki e Philippe Minard (2007) e Romain Bertrand (2010).

No entanto, a história é uma arte de execução, que não pode se satisfazer por muito tempo com programas e proclamações.

Podemos aliás nos perguntar, com Serge Gruzinski (2011), se a reflexão epistemológica não encobriu a experimentação historiográfica. Prossegui-la como se nada tivesse acontecido seria hoje paradoxal. Pois é bem verdade que alguma coisa aconteceu nos últimos três ou quatro anos, graças à coincidência – em grande parte casual – de experimentações historiográficas, iniciativas editoriais e traduções, tendo esse conjunto encontrado, ao que tudo indica, certo sucesso de público e crítica.[4] Sem ter premeditado nem teorizado isso, o autor dessas linhas contribuiu modestamente para tanto. Assim sendo, não se encontra em posição adequada para ser o analista mais lúcido desse processo. Ele o tentará de qualquer jeito, com objetivos bem delimitados: designar o tempo breve da conjuntura historiográfica que, desde 2009, aproximadamente, parece propor ao público uma nova maneira de se entreter com o mundo.

Breve história de uma injunção moral

"A grande descoberta das 'Grandes Descobertas' poderia muito bem ser esse sentimento paradoxal, alojado no coração da consciência ocidental: o de que os próprios ocidentais são os bárbaros do mundo": atribuindo por engano essa citação de *L'histoire du monde au XVe siècle* [A história do mundo no século XV] ao historiador bengali Dipesh Chakrabarty, cujo vigoroso manifesto *Provincializar a Europa* as Edições Amsterdam acabavam de traduzir, o jornalista que estava resenhando a publicação simultânea de ambos os livros na revista *Sciences Humaines* (2010), sob o título geral "Décentrer le regard" [Descentrar o olhar], cometia um divertido lapso, muito revelador das condições de recepção comuns a esses dois livros que, precisamente, nada têm em comum, afora a coincidência de terem sido publicados em outubro de 2009.[5] O tema – na verdade

---

[4] Encontra-se no final deste volume uma bibliografia comentada das obras recentemente publicadas em língua francesa discutidas aqui.

[5] Aproveitamos para esclarecer que essa citação, extraída da introdução geral da obra (BOUCHERON, 2009, p. 29) remete a seu epílogo, da lavra de Jean-Frédéric Schaub (2009).

bastante corriqueiro do ponto de vista do método histórico – do descentramento do olhar e da necessidade de abordar a história do mundo variando os pontos de vista e se desfazendo do eurocentrismo que pretende sempre subsumi-los implicitamente, encontrava aí um eco particular.

Não é muito difícil reconstituir as razões pelas quais essa "inquietude de estar no mundo", como poetisa Camille de Toledo (2012, p. 45), podia ser – e é ainda – sentida com tanta intensidade.[6] É que essa inquietude é de natureza essencialmente política. Por isso só pode suscitar, conjunta e contraditoriamente, um duplo movimento de regressão e de evasão. O primeiro remete os historiadores a seu papel social academicamente instituído, que consiste em tranquilizar aqueles que os leem e os escutam quanto à solidez e a perenidade de suas tradições, de suas raízes, em suma, de suas pequenas parcelas de identidade. O segundo se recusa a se satisfazer com isso, considerando, ao contrário, que a história deve ser hoje o saber da indeterminação dos tempos, que consiste em desestabilizar pacientemente todas as nossas certezas. Desse "entretempo" em que vivemos, pode-se dizer, dependendo do humor, que é desesperado e alegre. Dependendo do humor, ou das escalas: a história global o julgaria, de muito longe, medonhamente convencional, e ele de fato o é, *globalmente;* as histórias conectadas descobririam a crepitação dos curtos-circuitos que, discreta, local e fugazmente, fazem-no, apesar de tudo, tão inventivo.[7]

E ainda que seja custoso voltar hoje a debates cuja principal característica é a de ter feito tanta gente perder tanto tempo, devemos lembrar que 2009 foi o ano em que os historiadores foram intimados pelo governo a montar guarda na fronteira a fim de consolidar a "identidade nacional", fazendo penetrar ali cada vez mais fundo essas famosas "raízes" que se desejavam cristãs. Alguns sentiram tamanha aversão a isso que chegaram a colocar em dúvida a própria

---

[6] "É nesse pé que estamos, depois do século vinte. / A Europa se gaba de ter vergonha. / Tanto se gaba / que se indigna de não poder, / ainda uma vez, universalizar sua vergonha."
[7] É também disso que se trata em Patrick Boucheron (2012a; 2012b), que, nesta perspectiva, pode ser lido como o livrinho companheiro daquele de Camille Toledo, citado na nota precedente. Mas ver, sobretudo, Georges Didi-Huberman (2009).

legitimidade do objeto "História da França" – o que, decerto, era excessivo, mas, como se sabe, um dos efeitos mais perniciosos das polêmicas inúteis fundadas em falsos preceitos costuma ser o de obrigar aqueles que são atacados a defenderem posições igualmente absurdas. Em suma, nesse clima geral de exasperação social, a irrupção de histórias mais abertas, que deslocavam os horizontes e desentravavam as tradições acadêmicas, podia ser vista, senão como uma oportuna guinada, ao menos como um bem-vindo refresco.

Já era alguma coisa: finalmente alguém nos falava um pouco de outras coisas. Assim, era inevitável (e, afinal, benéfico) que o alcance de algumas dessas experimentações historiográficas ultrapassasse as intenções de seus promotores. E que textos inicialmente motivados apenas por um desejo de saber, um impulso de curiosidade, uma sede de leituras e de narrativas, o simples prazer de *ir lá ver*, fossem lidos como manifestos políticos mais fortemente engajados do que realmente eram. Foi decerto pelas mesmas razões que se atribuíram uma unidade e uma coerência factícias a atitudes distintas, concedendo generosamente atestados de desocidentalização do olhar a histórias globais que, como ocorre muitas vezes, satisfazem-se muito bem com uma sólida narrativa europeia de robustez bem confirmada. Midiaticamente, portanto, organizou-se, durante os anos 2010 e 2011, um debate entre obras que o acaso relativo das traduções e das iniciativas editoriais fazia aparecer ao mesmo tempo, e cuja diversidade de métodos e abordagens cobria o amplo espectro historiográfico que vai da história global mais altaneira às histórias conectadas mais sutilmente situadas, passando por toda a gama da história que se pode simplesmente chamar mundial. E foi evidentemente em pleno conhecimento dos termos desse debate que Romain Bertrand intitulou, em 2011, *L'histoire à parts égales* [A história em partes iguais], sua história dos primeiros contatos entre holandeses e javaneses no fim do século XVI.

É difícil não entender semelhante título como uma injunção ética. Ele conclamava a sair do ponto de vista colonial e a aplicar às sociedades não europeias uma igualdade de tratamento documental, a romper com a história masturbatória das conquistas e das agências comerciais metropolitanas que projeta ao longe as tranquilizadoras similitudes de uma Europa sempre igual a si mesma. Narrativa de um método, esse livro só podia ser recebido como o método de uma moral: a de um comércio historiográfico equitativo. Provavelmente foi daí que surgiram novos mal-entendidos: acusava-se (ou louvava-se) seu autor de ter tomado o partido do estrangeiro quando ele apenas apostara na estranheza. Uma aposta essencialmente narrativa, consistindo em tentar uma experiência de escrita da qual se esperam ganhos de conhecimento, e não uma reparação moral qualquer face a sociedades humanas às quais foi por tanto tempo negado o direito de ter acesso à sua própria historicidade.

Por todas essas razões, o livro de Romain Bertrand poderia entrar na categoria americana dos *feel-good books*. Mas, se ele fez bem a muitos de seus leitores, foi decerto menos pela veemência de suas declarações teóricas do que pela sutileza de seus procedimentos narrativos. Sutileza a que se opõe o caráter berrante do título, espalhafatoso como um slogan. Um slogan e, em pouco tempo, um remorso para todos aqueles que não teriam nem os meios linguísticos, nem o tempo disponível, nem simplesmente a ambição ou a vontade de se consagrar a um programa de pesquisa de tamanha exigência. Esse é o reverso das medalhas historiográficas, sobretudo quando recompensam *méritos* que somos logo tentados a traduzir em termos éticos. Elas designam êxitos individuais que, se não tomamos cuidado, rapidamente suscitam o temor de fracassos coletivos. "Seria razoável acreditar-se sozinho no mundo?"[8] Óbvio que não. Então, como escapar disso? A *World History* seria, portanto, a história de que o mundo precisa hoje – um mundo mais aberto e mais tolerante, que os historiadores devem contribuir para tornar mais habitável. Se não o fazem, recusando-se a oferecer a globalização como horizonte e como esperança, obstinando-se laboriosamente em suas pequenas velharias obsoletas – digamos, as histórias nacionais – então devem ao menos explicar por quê.[9]

---

[8] Trata-se da primeira frase da introdução geral de Philippe Norel, Laurent Testot e Vincent Capdepuy, "Pourquoi le monde a besoin d'histoires globales" [Por que o mundo precisa de histórias globais] ao livro que recentemente coordenaram, *Une histoire du monde global* [Uma história do mundo global], 2012, p. 5-10.

[9] Ver Martine van Ittersum e Jaap Jacobs (2012). Agradeço a Marguerite Martin, Zacharie Mochtari de Pierrepont, Céline Paillette e Philippe Pétriat, organizadores do encontro da

Quando semelhante intimação provém das autoridades acadêmicas mais legítimas (no caso, David Armitage, professor da Universidade de Harvard), ela explicita, no mínimo, o fato de que a *World History* se tornou, no mundo universitário anglo-americano (mas também na Índia, na China e no Japão) uma das correntes historiográficas mais solidamente estabelecidas.

Compreende-se melhor então que seja meio paradoxal o fato de alguns franco-atiradores a utilizarem, especialmente na França (mas também na Alemanha, na Itália e em breve na América Latina), como um instrumento crítico e necessariamente minoritário da inovação historiográfica. Ora, é precisamente esse paradoxo que carrega uma energia criativa. Assim, devemos cuidar para que, de um modo mais discreto e tácito, a história conectada não apareça daqui em diante como uma obrigação moral para historiadores que teriam de se desculpar por não praticarem a história em partes iguais, por falta de fontes ou de competências. Tudo muito corriqueiro, no final das contas: se as inovações historiográficas liberam aqueles que as inventam dos pesos acadêmicos de que esperavam se desfazer, elas podem também facilmente, e sempre mais rápido do que se imagina, coagular-se em normas tacanhas, assim que seu sucesso as torna desejáveis – portanto, necessárias – à grande maioria.

Uma história global não globalizante

A mundialização, sabe-se, é a um só tempo um processo histórico e o discurso que o acompanha e justifica. Mas esse discurso, justificando o processo, o oculta em grande parte sob os véus de uma ideologia demasiado lisonjeira. Ninguém pode se iludir quanto a isto: o historiador se apossa de objetos que avançam em sua direção com a auréola das condições morais de seu tempo e, a partir daí, estará sempre inclinado a confundir as exigências do método com o amor pelas

---

École Doctorale d'Histoire de l'Université Paris-1 Panthéon Sorbonne e da École Nationale des Chartes realizado em 17 de novembro de 2012, "À l'épreuve de la *World History*" [Diante da provação da *World History*], que, na referida ocasião, permitiram-me tomar consciência do peso dessa injunção moral que incide sobre os jovens pesquisadores de hoje – para além, entenda-se, das esperanças e dos entusiasmos que esses novos horizontes historiográficos suscitam.

causas justas. Ora, a ideologia liberal mais comumente globalizada faz do objeto "mundo conectado" – ou seja, do fato de que o globo terrestre se tornou o espaço de transação da humanidade inteira e ao mesmo tempo uma comunidade de destino e de perigo – uma de suas justas causas mais aptas a provocar emoções políticas. Se a *World History* – ou a história conectada que constitui uma de suas expressões mais facilmente assimiláveis pela historiografia francesa – atribui-se por objeto unicamente o desenclausuramento do mundo, sem levar em conta aquilo que Sanjay Subrahmanyam nomeia as formas de comensurabilidade que complicam e tornam seu curso conflituoso, ela acaba dando continuidade, de certa maneira, ao sonho de uma história universal. Pois esta sempre heroiciza a aventura global de um grande princípio indiscutido (POMIAN, 2009).

Orientando de maneira unívoca a grande narrativa da abertura do mundo e escolhendo se interessar apenas pelas trocas e conexões, corre-se o risco de produzir um discurso que provavelmente parecerá aos olhos dos historiadores futuros tão ideológico (pois tão teleológico) quanto aquele da invenção das tradições nacionais destinadas a fortificar o espírito patriótico – ou da defesa e ilustração de uma história europeia capaz de construir o sentimento de pertencimento comunitário.[10] A mundialização não diz tudo do mundo: por isso é que a história das antimundializações faz parte do programa da *World History*, seja lá como se queira chamá-la: ela consiste em compreender como as sociedades humanas produzem alteridade com a distância, hostilidade com a alteridade e identidade com a hostilidade. É por isso também que trabalhos recentes, versando, por exemplo, sobre as diásporas mercantis na época moderna, o trabalho forçado no século XIX ou o estatuto dos migrantes e dos refugiados políticos no século XX, ao mesmo tempo em que dão voz aos "subalternos", conseguem propor uma história global não globalizante.[11] Inovações historiográficas minoritárias que, vale repetir, situam-se na contracorrente da *mainstream* acadêmica, que,

---

[10] Ver a esse respeito Jean-Frédéric Schaub (2008).

[11] Ver, respectivamente, Francesca Trivellato (2009); Alessandro Stanziani (2010); Sabine Dullin e Pierre Singaravélou (2012).

por sua vez, continua massivamente a propor a narrativa vaga e mal documentada de trocas de longo curso, que, vista muito de cima e em períodos longos demais, nada pode ensinar sobre a verdadeira vida das sociedades. Pois essa corrente dominante, defendendo uma visão estritamente economicista do mundo, que a historiografia há muito tempo refutou, produz uma história com letra maiúscula, em que o devir humano é apreendido no "mais ou menos isso" majestoso das grandes categorias intangíveis. Acima de tudo, ela se contrapõe à maior parte das exigências metodológicas de uma história hoje preocupada em exibir suas dúvidas e seus procedimentos, pelo menos no domínio da administração da prova, impossível de estabelecer em semelhante nível de generalidade.

Não há dúvida: os bons sentimentos nem sempre fazem os bons livros de História. Mas tampouco se pode ignorar completamente o fato de que maus pensamentos também inspiram maus livros. Decerto, os historiadores têm todo direito de criticar as imprecisões da grande narrativa irenista proposta por Jerry Brotton em seu *Bazar do Renascimento*, recentemente traduzido para o francês; ou de se perguntarem se é realmente pertinente ir como Jack Goody procurar "Renascenças" no Irã safávida ou na Índia mugal, posto que o termo "Renascença" não designa nada além do exorbitante privilégio da Europa quando ela pretende reservar para si seu uso exclusivo (BROTTON, 2002; GOODY, 2010). Resta que as apostas políticas da promoção de uma história de horizontes ampliados se situam claramente no domínio pedagógico. A criação em 1990 do *Journal of World History* já se inscrevia no horizonte profissional do ensino médio e, se a história mundial faz parte hoje do ciclo básico de disciplinas de muitas universidades americanas, isso se deve talvez à persistência de certa ambição imperial de assumir, a partir do seu centro, a totalidade da história do mundo, mas, sobretudo, provavelmente, à preocupação de adaptar os conteúdos de ensino à internacionalização cada vez maior do público estudantil. Desse ponto de vista, a obstinação conservadora do mundo universitário francês é admirável – ela já tinha sido, aliás, precocemente denunciada por Catherine Coquery-Vidrovitch (1999), que apontava o quanto os velhos quadros das histórias nacionais, tornados intangíveis pela santíssima divisão dos quatro períodos históricos, resistiam ali ainda mais do que no ensino médio.

Recentemente, algumas tímidas incursões dos programas escolares numa história não exclusivamente europeia provocaram uma campanha de opinião barulhenta e coordenada cuja agressividade ideológica surpreendeu aqueles que acreditavam, imprudentemente, viver num mundo felizmente conectado. Contrapor-se a ela é uma necessidade, menos para exagerar o alcance epistemológico desses ataques do que para denunciar a ignorância absoluta, e absolutamente voluntária, das realidades humanas da escola, que ela exprime e corrobora. As crianças das escolas da França ficariam desorientadas por lhes ensinarem a glória de Monomotapa em vez da gesta de Clovis? Pura paranoia, decerto, que não se tornará verdade só por ser repetida, mas que vale a pena escutar por aquilo que revela: a afirmação descarada de uma ideologia aberta, simples e propriamente xenófoba. E que não se tome por um malfadado acaso o fato de que os turiferários de uma história da França reconduzida à pureza de suas origens tomem sistematicamente na África negra os exemplos dos (tão raros) contrapontos pedagógicos que extraviam nossas queridas cabecinhas loiras longe demais da linhagem dos reis: o que causa problema não é nem Pequim, nem Angkor, nem Tenochtitlán, mas Tombuctu.[12]

Acreditar que a mestiçagem é um valor positivo aceito por todos pelo motivo de que muitos pesquisadores em ciências humanas utilizam-na generosa e repetidamente é se deixar vitimar pelo enclausuramento escolástico. Quem não vê, pelo contrário, que a narrativa huntingtoniana sobre o choque das civilizações tem um futuro promissor, inclusive no mundo acadêmico? Afinal, Jean-Michel Sallmann (2011) apoia-se explicitamente nela em seu *A Grande abertura do mundo*, atribuindo-se também explicitamente

---

[12] "São Luís desapareceu da narrativa da história da França. Mas fiquemos tranquilos: em seu lugar, os alunos poderão descobrir quem era Kanku Mussá, grande imperador do Mali" (BROCARD, 2012). Será preciso dizer que se trata de um imperador muçulmano? Esse sultão do Mali (nomeado em realidade *mansâ* Mûsâ), representado no célebre *Atlas Catalan* com todos os atributos da soberania (coroa, cetro e bola de ouro na mão) ficou célebre por sua viagem ao Cairo, no caminho de sua peregrinação aos lugares santos do islã, e mandou construir numerosas mesquitas em Tombuctu. Ver Fauvelle (2013).

por objetivo trabalhar para a desculpabilização do Ocidente.[13] Ao menos as intenções ideológicas são aqui expostas com clareza, embora se possa pensar que a questão primordial nessa historiografia da ocidentalização do mundo no século XVI é menos uma tomada de posição política que uma linha de defesa historiográfica. Pois o que é preciso acima de tudo defender, do ponto de vista de muitos historiadores que têm dificuldade de se desfazer dos feitiços obstinados das "Grandes descobertas" que dão à luz a modernidade ocidental, é a dignidade do império e, mais particularmente, a dignidade do império ibérico, e, mais particularmente ainda, a dignidade do império ibérico moderno.

Mundo, modernidade: o império desconcertado

Modernidade: a palavra é vaga. Num dos artigos fundadores do método da história conectada, em que tentava categorizar o *Early Modern Period* [início do período moderno] na escala do continente eurasiático, Sanjay Subrahmanyam (1997) apontava claramente para a relação estreita que a historiografia estabelece entre a ideia de modernidade e a de império de vocação universal. Romper hoje com a necessidade desse nó não é tão fácil, enquanto se observa em alguns pesquisadores uma perturbadora crispação identitária em torno desse recorte do tempo cujo artifício acadêmico não precisa mais ser demonstrado, mas que se coagula mesmo assim numa acepção do moderno compreendida, por exemplo, por Paolo Prodi (2012, p. 24) "como característica da civilização do Ocidente considerada como uma mutação e como uma revolução continuada".[14] Decerto, faz-se necessário então deslocar, no mesmo impulso, as noções de

---

[13] "O ocidente não precisa corar por seus atos nem apresentar desculpas ao mundo inteiro pelos erros que pôde cometer ao longo de sua história. Ele é capaz de analisá-los com a necessária lucidez. Mas se não deve dar lições de moral, tampouco deve recebê-las da parte daqueles cuja história nada tem de mais edificante. Deve simplesmente se render à evidência de que o mundo nunca será à sua imagem e de que a arrogância de que foi tantas vezes taxado agora mudou de campo" (p. 651).

[14] Simétrica, mas igualmente surpreendente, é, por exemplo, essa definição arriscada por Pierre Serna: "O período moderno é a história de uma Revolução permanente tanto quanto a história da construção dos Estados" (CHAPPEY *et al.*, 2012, p. 27).

modernidade e de império, como o faz, por exemplo, Alessandro Stanziani, quando descentra sua narrativa situando-a no coração da Mongólia onde, em 3 de setembro de 1689, durante a batalha de Ulan Butong, em que os exércitos manchus do imperador Kangxi enfrentam os dzungars do Kan Galdan, decide-se o destino dos três impérios eurasiáticos: chinês, russo e indiano. O "modelo europeu", nesse caso, não constitui um termo pertinente da comparação dos "estepes como laboratórios políticos" (STANZIANI, 2012).

Esse tipo de experimentação historiográfica tem o mérito de perturbar o cara a cara obstinado da comparação civilizacional China/Europa, que foi uma das grandes obsessões da historiografia francesa nos tempos heroicos de Fernand Braudel e Pierre Chaunu, e que as inquietudes contemporâneas suscitadas pelo crescimento econômico da China como grande oficina do mundo naturalmente reativam hoje. Por que a Revolução Industrial fez o sul da Inglaterra decolar e não o delta do Yangzi? Pergunta-se Kenneth Pomeranz em *The Great Divergence* [*A grande divergência*, 2013] traduzido em francês em 2010, demonstrando de passagem o quanto a história contrafatual (no sentido da *What if History*) é uma das expressões da busca por cientificidade de uma história econômica modelizada que manipula as variáveis de suas equações. E por que os conquistadores de Hernán Cortés conseguiram conquistar o império asteca em 1520, enquanto os portugueses de Tomé Pires fracassavam, no ano seguinte, a partir de Malaca, em vencer o império chinês? O que se decide aí não é nada menos do que a invenção do Ocidente, já que "a imensidão incontrolável do Pacífico, a impossibilidade de tomar posse da China e de colonizar a Ásia obrigarão a se concentrar no Novo Mundo e a separá-lo do resto das Índias" (GRUZINSKI, 2012, p. 412). Resta que, aí também, semelhante fábula acarreta o risco de desviar o olhar do essencial: pois, no século XVI, é o império otomano que constitui a grande potência da modernidade – e se a historiografia ainda tem tanta dificuldade em admiti-lo é porque o que está em jogo aí não é outra coisa senão a dificuldade crescente e inconfessável, para as sociedades ocidentais, de considerar o islã como uma potência histórica de modernização do mundo (BÜTTGEN, 2009). Deslocar, tornar estranha, nossa relação com a modernidade, mas também desconcertá-la, defasando sua cronologia e jogando com a variabilidade de suas temporalidades. Foi esse também um dos objetivos dos autores de *L'histoire du monde au XVᵉ siècle* [*A história do mundo no século XV*], cuja arquitetura de conjunto se inspirava numa tripla renúncia: à separação clara das civilizações, à longa duração e à grande narrativa. Semelhante escolha de escrita decerto se revelava adequada ao objeto histórico que se tratava de focar – para inquietar sua modernidade. Mas não poderia ser nem exclusiva nem prescritiva. Alguns se apoderarão da *World History* para reativar o sonho braudeliano da personalização dos espaços em longuíssima duração,[15] outros, ao contrário, verão aí a oportunidade de se aproximar dos rostos e das paisagens de histórias singulares, aceitando o desafio da *microstoria*.[16] Quer dizer então que tudo é permitido? Certamente não, e, decerto, há de vir o tempo em que essa proliferação de experimentações contraditórias, na qual convivem lado a lado o mais convencional e o mais aventuroso, deverá ser podada, ou ao menos disciplinada.

Mas qual seria, no fundo, o interesse de uma história mundial departamentalizada, ou seja, fixada num território específico de pesquisa? Afinal, o mundo não é um objeto tão grande assim – pois, se ele designa não o espaço que engloba abstratamente a história humana em sua totalidade, e sim o mais alto grau de espaço partilhado pelas sociedades humanas num dado momento, ele concerne apenas, à exceção do ultracontemporâneo, a um pequeno mundo de atores. Afinal, para a maioria dos seres humanos da Terra, por muito tempo, pouco importava que o mundo existisse. Ele existe hoje, e é por isso que coloca à prova a história inteira, em sua capacidade de narrativizar as texturas do tempo – ou seja, fundamentalmente, em sua dimensão literária. Mas nada de pânico: a história-mundo não será uma história-monstro, voraz e devoradora. Pois só terá valor se desdenhar a ilusão do todo e, pelo contrário, abrir todo um mundo de histórias. Ela saberá se manter, no entrelugar das línguas, manter-se para interagir com o mundo.

---

[15] Ver o recente livro de Philippe Beaujard (2012).
[16] Ver Davis (2011) e também Trivellato (2011).

A história redescoberta?[1]

Jacques Revel

Como se pode pensar, como se pode escrever hoje uma história à escala do mundo? A questão foi colocada com insistência desde os anos 1980, e o foi, é claro, sobre um fundo de mundialização (ou de globalização). Bem no momento em que o programa de uma história global se inscrevia na ordem do dia, tornavam-se claras as dificuldades de sua execução. Por certo, não se esperou essa ocasião para denunciar os limites de uma história escrita dentro do quadro tradicional do Estado-nação. Sem maiores dificuldades, podia-se chegar também a um acordo sobre a necessidade de uma abordagem comparativa (que, deve-se reconhecer, permanece mais reivindicada do que praticada). Também não era difícil chegar a um entendimento sobre a necessidade de reunir e colocar à disposição dos pesquisadores informações que permitissem uma perspectiva "transnacional", "global" ou "mundial": revistas, sites e redes foram criados e não pararam de se multiplicar nos últimos trinta anos. Mas a coisa não parou por aí. Em sintonia com essa "mudança de escala historiográfica", foram formuladas proposições sobre quadros de análise e maneiras de fazer: *Connected History, Shared History, histoires croisées*. Ainda que essas abordagens tenham em comum a insistência sobre as circulações, os contatos e suas modalidades, elas não são idênticas nem em seus pressupostos nem em seus projetos

---

[1] Uma primeira versão deste artigo foi publicada na revista *La Vie des Idées* [A Vida das Ideias] em 26 de abril de 2011, sob a forma de uma resenha da obra de Jack Goody, *Le vol de l'histoire. Comment l'Europe a imposé le récit de son passé au reste du monde* (2010). A resenha pode ser consultada no endereço: <http://www.laviedesidees.fr/Lerecit-du-monde.html>.

– evitaremos, portanto, reduzi-las abusivamente umas às outras. Ainda mais que a multiplicação recente das proposições remete em grande parte às nossas próprias incertezas sobre os contornos e a significação da mundialização contemporânea.

É, de certa maneira, a montante e ao lado dos debates atuais que devemos situar o último livro de Jack Goody traduzido para o francês. O decano dos antropólogos britânicos está longe de ser um desconhecido para os historiadores, com os quais nunca cessou de estabelecer laços e colaborações nos últimos quarenta anos. Professor em Cambridge, ele é o autor de uma obra imponente e, em grande parte, traduzida para o francês. Depois de seus primeiros trabalhos de campo como africanista, nos anos 1950, deixou clara sua preferência por vastos empreendimentos comparatistas em grande escala, consagrados, entre outros temas, à análise das consequências cognitivas da incorporação da escrita e das formas de racionalidade, ao estudo dos sistemas familiares e de suas dinâmicas, mas também à culinária e ao cultivo das flores. Seu itinerário é balizado por diversos livros, entre os quais muitos se tornaram clássicos. Goody é um amante da grande-angular. Sem jamais perder de vista suas primeiras referências africanas (os LoDagaa do norte de Gana continuam a ser evocados de maneira recorrente em suas análises), deslocou-se para a Ásia, principalmente para a China e para a Índia e, em menor grau, para o Japão. E é essencialmente a partir da Ásia, e de uma comparação entre a Ásia e a Europa, que denuncia aquilo que chama de "roubo da história", fórmula-choque de que o subtítulo francês do livro explicita o conteúdo: "Como a Europa impôs a narrativa de seu passado ao resto do mundo".

A unidade das civilizações

São, portanto, os historiadores e, por trás deles, uma poderosa tradição historiográfica ocidental na qual eles se inscrevem e que prolongam muitas vezes sem ter plena consciência disso, o objeto da crítica cerrada e por vezes veemente de Jack Goody. E não foi qualquer um que ele escolheu como alvo de suas críticas: em vez de atacar o grosso da corporação, Goody escolheu alguns de seus maiores nomes, e precisamente aqueles cujos vastos trabalhos deveriam colocar ao abrigo de semelhante questionamento: Fernand Braudel, o historiador do Mediterrâneo e do capitalismo mundial; o sociólogo Norbert Elias (e, no plano de fundo de sua leitura do "processo civilizatório", Max Weber); o historiador da ciência chinesa Joseph Needham; o historiador da Antiguidade Moses Finley, ou ainda o teórico Perry Anderson – para citar apenas os mais notáveis. O que Goody censura nesses homens cujo trabalho reconhece admirar e que partilham com ele o gosto pelas perspectivas amplas e pelas comparações em grande escala? Terem, de uma maneira ou de outra, colaborado para a grande narrativa que faz da experiência histórica da Europa a uma só vez uma exceção e a medida da história do resto do mundo – e terem, no mesmo gesto, privado o resto do mundo de sua própria história. Essa é a tese central, incessantemente martelada, do livro.

Não entraremos aqui no detalhe de uma demonstração apoiada sobre imensas leituras de todos os tipos. Vamos nos concentrar apenas na argumentação em torno da qual ela se organiza. Podemos ser tentados a não ver aí, de partida, mais que uma retomada de um gênero já bem conhecido, a crítica ao eurocentrismo e aos efeitos que ele continua a produzir. Os estudos pós-coloniais, os *Subaltern Studies* e outros ainda nos intimaram a "provincializar a Europa", a deslocar, descentrar o olhar que lançamos ao mundo, de maneira a fazer jus à multiplicidade de histórias que se inscreveram nele.[2] Mas, ao passo que essas correntes historiográficas costumam colocar o acento na "diferença histórica" e na radical heterogeneidade do mundo, a posição de Goody é diametralmente inversa. Ele defende a tese de uma unidade fundamental das civilizações – pelo menos aquelas do conjunto eurasiático – a partir de uma base comum que ele situa na idade do bronze, apoiando-se principalmente nos trabalhos, recorrentemente evocados, do arqueólogo Gordon Childe, unidade mantida a longo prazo por um jogo de trocas que jamais se interrompeu. A partir dessa experiência partilhada, ocorreram,

---

[2] Numa bibliografia que se tornou superabundante, a referência central é aqui a obra de Dipesh Chakrabarty, *Provincialiser l'Europe. La pensée postcoloniale et la différence historique* (2000).

sem dúvida alguma, diferenciações no seio desse conjunto. Mas, apesar de nada terem de unívocas – o Ocidente conheceu severos recuos em momentos de excepcional florescimento das civilizações orientais, existiram vários renascimentos naquele e nestas –, essas diferenças sempre foram lidas num só sentido por uma historiografia que se consagrou a demonstrar a excepcionalidade do Ocidente em detrimento dos elementos comuns ao conjunto eurasiático.

Ora, para Goody, esses elementos constituem o essencial. Toda uma parte de sua análise é, portanto, consagrada a mostrar que os traços e as aquisições supostamente distintivos da experiência ocidental tiveram seus equivalentes no mundo oriental. O antropólogo prolonga aí uma reflexão que já encetara em várias de suas obras precedentes, em particular em *The East in the West* [*O Oriente no Ocidente*], livro em que demonstrava que, em se tratando das formas da racionalidade, da organização das trocas ou da família, a Europa não podia reivindicar nenhuma diferença essencial em relação às sociedades orientais. A demonstração é retomada na última parte de *O roubo da história* e estendida a outros objetos: a cidade e as funções urbanas, as instituições de saber, a produção dos valores e mesmo a dos afetos. Nem sempre essa demonstração é convincente. Mas a linha geral é claramente traçada: durante muito tempo, a experiência europeia nada produziu que justificasse a reivindicação para ela de um estatuto à parte. Ela não poderia ser pensada nos termos de uma diferença radical. Ela propõe apenas variantes que podem e devem ser colocadas em relação com outras variantes. Logo identificamos aí o partido do antropólogo, que Goody opõe ao do historiador: ele pretende restituir "o desenvolvimento das sociedades humanas, desde a idade do bronze, de uma forma diferente, aquela de uma elaboração contínua de uma cultura urbana e mercantil" que o Oriente e o Ocidente partilharam por muito tempo.

Ora, é a escolha exatamente inversa que foi feita por uma tradição historiográfica secular e cujos efeitos se fizeram sentir, se acompanhamos o autor, muito além do círculo dos historiadores. Essa tradição dá crédito, de fato, à tese de uma excepcionalidade europeia, de uma diferenciação absoluta que poderia ser notada numa longuíssima duração. Inscrevendo a história da Europa numa perspectiva teleológica, ela a relê ao avesso. Ela escolheu escandi-la em função dos valores e das realizações que se tornaram as nossas bastante tarde, e nas quais é fácil para ela identificar as promessas daquilo que reivindica como seu destino particular. A crítica se desdobra nesse ponto num nível duplo. O primeiro, que já encontramos, é o dos dados empíricos: para cada uma das aquisições que o Ocidente se compraz em considerar como propriedade sua, Goody dá um jeito de encontrar equivalências "orientais", ao menos aproximativas, para concluir daí que nada justifica as pretensões europeias. Não entraremos aqui num debate que requer as competências de um especialista e que desejamos que ocorra – na verdade, ele já começou a ser travado em diversas frentes. O segundo nível da crítica se situa em outro lugar: ele coloca em causa a própria natureza e a própria função da narrativa histórica que o Ocidente se esforçou por produzir e conseguiu impor ao resto do mundo: a narrativa de sua própria história e, inseparavelmente, de todas as outras. Contudo, a verdadeira diferenciação da história da Europa e das extensões europeias é tardia: para o autor, ela só começou com aquilo que ele continua a chamar de "Renascimento", e prosseguiu com a revolução científica do século XVII, as Luzes e a Revolução Industrial. Foi então, e somente então, que o Ocidente garantiu sua supremacia e sua (provisória) dominação sobre o mundo. Mas esse domínio foi redobrado e justificado pela invenção de uma narrativa da modernidade triunfante, identificada com sua própria história recomposta com a aparência de uma necessidade.

Excepcionalidade e continuidades

Essa construção historiográfica se apoia, segundo Goody, em momentos oportunamente destacados do *continuum* histórico, aos quais ele consagra a segunda parte de seu livro. Como é o caso da Antiguidade greco-romana e, mais particularmente, do "milagre grego", erigido em começo absoluto na ordem da razão e da política. Ele poderá então ser duradouramente reivindicado como o momento fundador da excepcionalidade europeia, desconsiderando-se o ambiente próximo-oriental em contato com o qual, no entanto, ele se desenvolveu.

Como é o caso também, sempre segundo o autor, do "feudalismo". Podemos duvidar que muitos medievalistas concordem com a imagem que Goody afirma ser a que eles pintam de seu período de eleição, privilegiando a interpretação deste como um momento de "transição para o capitalismo" e para o nascimento do Estado moderno. Mas o importante não é isso. Frequentemente recordada, a tese central do autor é a de que, desde o início do século XIX (na verdade bem antes), "a Europa passou a dominar a construção da história mundial", pensando-a e fazendo com que fosse pensada como uma história linear, feita de encadeamentos necessários: a história de um progresso contínuo, cumulativo e reservado a uma única parte do mundo. Concepção progressista, concepção *whig* para retomar os termos do próprio Goody, e que teve por consequência mecânica jogar o resto do mundo para fora da história que conta, ou, no melhor dos casos, para suas margens distantes: gesto ilustrado no livro por uma discussão cerrada do conceito de despotismo asiático e dos efeitos que causou. Ao Ocidente, que teria "inventado a invenção", na fórmula diversas vezes citada de David Landes, teria sido assim reservado o privilégio da mudança. Excepcionalidade, continuidade, cumulatividade: compreende-se assim que a função da narrativa histórica do Ocidente foi inicialmente a de dar crédito à ideia de uma antiquíssima divisão e fornecer suas provas e sua justificação no tempo.

Essas representações ainda são as nossas? Sim, decerto, se nos referirmos ao malfadado discurso pronunciado por Nicolas Sarkozi em Dakar, em julho de 2007. Mas, certamente, não é nesse nível que Jack Goody pretende se situar. A primeira parte de seu livro, sob muitos aspectos a mais interessante – em muitos momentos a mais discutível também – pretende mostrar que esses esquemas continuam a informar o pensamento daqueles que, poderíamos pensar, tomaram resolutamente o partido de um descentramento do olhar lançado sobre a história do mundo. Exemplo: Joseph Needham consagrou sua vida de pesquisador ao monumental empreendimento de *Ciência e civilização na China*.[3] Ele demonstrou ali

---

[3] Lembremos que o primeiro volume desse projeto, *Science and Civilization in China*, foi publicado pela Cambridge University Press em 1954. A série foi desde então continuada pelo autor com seus colaboradores, e por esses depois de sua morte em 1995.

que, até o fim do século XVI, os resultados da ciência chinesa foram comparáveis e muitas vezes superiores aos dos cientistas europeus. No entanto, foi no Ocidente que teve lugar a revolução científica moderna. Esse é o "problema de Needham", aquele que, segundo o próprio grande sinólogo, norteou seu imenso empreendimento. Ora, esse problema encontra uma solução, sopra-nos Goody, se aceitamos pensar essas evoluções em termos de continuidade em vez de tentar marcar na história rupturas e começos. Além do fato de que a "ciência europeia não nasceu no meio de um deserto" (entenda-se: que ela também foi alimentada por incessantes circulações exógenas), "as distinções sobre as quais Needham se funda – entre ciência moderna e ciência antiga, entre tecnologia e ciência [...] procedem da tendência persistente a considerar as aquisições do período pós-renascentista europeu como o suprassumo do progresso, e visam a justificar uma preferência que, sem isso, poderia parecer arbitrária" (Goody, 1999, p. 62). Mais valeria, portanto, comparar os elementos comuns aos desenvolvimentos científicos do que exacerbar sua divergência apelando para categorias que são, a uma só vez, simplificadoras e deformantes. Uma análise do mesmo tipo é consagrada à trilogia de Fernand Braudel (1979) sobre o capitalismo. Goody mostra que, apesar de sua potência analítica, ela continua a usar critérios normativos, forjados pelo Ocidente, para pensar a particularidade europeia e opô-la ao que difere dela.

Uma crítica global demais

Tudo isso justifica afinal o título da obra? Deve-se mesmo falar de um "roubo da história" praticado por aqueles que, por alguns séculos, pensaram ser seus donos e legítimos beneficiários? A resposta não é tão óbvia assim. Primeiro porque, para acompanhar Goody no detalhe de seus numerosíssimos desenvolvimentos, seria preciso reabrir um a um os dossiês que ele expõe e sobre os quais se apoia em sua demonstração. Provavelmente são raros os historiadores que assumirão esse risco. Decerto, eles se sentirão pobres, ou no mínimo intimidados, diante do virtuosismo com que o autor se desloca em tantos campos diferentes. Talvez se interroguem também sobre a tomada de distância que permite decidir soberanamente sobre a emergência das formas democráticas ou sobre as implicações históricas do feudalismo. Ao que Goody responderá, com razão, que ele não é um historiador e que o que busca é produzir, a partir de uma informação histórica considerável, os elementos de uma comparação em grande escala. A atitude do antropólogo, que ele recomenda e ilustra, visa precisamente a se desfazer das categorias e dos encadeamentos sobre os quais se fundaram por muito tempo, e ainda se fundam, segundo ele, as construções dos historiadores. Nós o acompanharíamos com mais vontade se não tivéssemos às vezes o sentimento de que o ponto de vista olímpico que escolheu o levou em alguns momentos a opor julgamentos globais aos julgamentos globais que recusa. Na perspectiva que *ele* escolheu, faz sentido decidir, a partir de dados muitas vezes monográficos, sobre o nível ou as performances de uma civilização em seu conjunto? Que benefício heurístico pode-se esperar de semelhante operação?

É, portanto, a crítica da narrativa que o Ocidente produziu da história do mundo que, acima de tudo, reteremos desse livro. A análise dessa narrativa seria mais convincente ainda se o autor se desse, mais do que se deu, ao trabalho de mostrar através de que etapas esse modelo historiográfico conseguiu se impor. Como os critérios e alguns dos valores que a Europa produziu para fazer valer sua própria modernidade foram convertidos em instrumentos objetivos de avaliação dos êxitos e dos atrasos? Como eles se difundiram? Por que e como, finalmente, essa história foi com tanta frequência retomada por aqueles mesmos que ela excluía ou votava à marginalização? As evoluções contemporâneas sugerem que os simples efeitos de dominação não oferecem aqui uma explicação suficiente. Que essa narrativa tenha por muito tempo corroborado a convicção de uma eleição e da existência de uma hierarquia natural entre as partes do mundo está, evidentemente, fora de dúvida. Mas, no momento em que essa ordem se vê recolocada em causa, gostaríamos de ver Jack Goody prosseguir sua crítica analisando as reutilizações feitas hoje dos elementos da velha narrativa ocidental em novos contextos, inesperados, paradoxais.

Um mundo de impérios[1]

Jane Burbank e Frederick Cooper

A origem de nosso livro *Empires* remonta a 1999, quando criamos, na Universidade de Michigan, um seminário intitulado "Impérios, Estados e imaginação política". A criação desse curso foi motivada por nossa insatisfação diante da grande narrativa da história mundial como movimento inevitável de um mundo de impérios rumo a um mundo de Estados-nação. A ideia dessa transição necessária era uma constante da historiografia quando éramos estudantes nos anos 1960. Mais tarde, nossos alunos foram muito influenciados pelo livro de Benedict Anderson, publicado em 1983, *Imagined Communities*; eles aceitavam, em geral, a ideia segundo a qual a imaginação política nos séculos XIX e XX era necessariamente nacional – segundo o tríptico: um povo, um governo, um território – uma perspectiva que, em nossa opinião, não corresponde à realidade histórica.

Queríamos também superar outra perspectiva, mais recente, aquela da história colonial e dos *Colonial Studies*. Esse tipo de interpretação – baseada em grande parte na crítica das abordagens eurocêntricas – reproduz esse mesmo eurocentrismo invertendo seus valores. Nessa perspectiva, a Europa não é mais a fonte do progresso do mundo, mas é sempre ela que dirige – para o pior –

---

[1] Este artigo é a apresentação que Jane Burbank e Frederick Cooper fizeram de seu livro *Empires in World History* [Impérios na história-mundo] (2011) em 2 de junho de 2010 no projeto *La Vie des Idées*. O artigo, publicado em 9 de novembro de 2010, está disponível no seguinte endereço: <http://www.laviedesidees.fr/Permanence-des-empires.html>.

a história do mundo. Ou os estudos coloniais ignoram a história anterior ao século XIX, ou fundam-se no empreendimento colonial europeu pretensamente unitário, que teria durado do século XV ao XX, para sustentar proposições gerais sobre a "colonialidade".

Nosso livro propõe uma história mais englobante no tempo e no espaço – uma história de mais de 2 mil anos que começa com o Império romano e a China antiga e continua até nossos dias. Não utilizamos os conceitos duvidosos de modernidade ou de expansão europeia. Os antigos impérios não se transformaram em Estados-nação para a seguir se lançarem ultramar em busca de glória e de prosperidade nacional. A ideia de uma colonização moderna realizada pelos "novos impérios" no final do século XIX – uma colonização mais racional que a dos antigos impérios – é interessante enquanto construção dos ideólogos imperialistas da época, mas contestável como descrição do exercício do poder europeu, na prática, na África e na Ásia. Se adotamos uma perspectiva de longa duração, vemos que os impérios ocidentais que se acreditavam os mais avançados da história – certos de sua superioridade tecnológica, cultural e racial – não sobreviveram mais que algumas décadas, ao passo que o império otomano durou seiscentos anos, e que uma sucessão de dinastias chinesas reivindicou a tradição imperial por mais de 2 mil anos. Uma perspectiva excessivamente modernista corre o risco não apenas de mascarar o poder dos antigos impérios, mas também de nos impedir de esclarecer o contexto em que ocorreram as inovações dos últimos séculos até hoje. Em nosso livro, a meta foi propor uma história mais global e de maior extensão temporal, uma história que explicasse como os impérios da Ásia e da Eurásia, assim como os impérios mediterrâneos e americanos, estruturaram as possibilidades e as necessidades políticas.

Comecemos por nossa definição de império: trata-se, para nós, de uma grande entidade política, expansionista ou guardando uma memória da expansão, que mantém as distinções e as hierarquias enquanto incorpora novas populações. É preciso distinguir os impérios dos senhores, das tribos ou das cidades-Estado e dos Estados-nação. Utilizamos a palavra "Estado" num sentido geral – fazendo referência à institucionalização do poder – para permitir uma discussão comparativa sobre as unidades políticas. Nesse sentido, há Estados-império como há Estados-nação, e uma forma de poder pode se transformar em outra. Enquanto existem ambições políticas e diferenças entre os povos, a tentação do império permanece forte. E como os impérios perpetuam as diferenças, as possibilidades de secessão, de divisão e de recombinação dos componentes de um império também permanecem fortes. Compreende-se assim por que a forma imperial teve tanto sucesso na história, mas também por que os impérios se fizeram e desfizeram através dos séculos.

A política da diferença

Há várias maneiras de governar os impérios, e várias maneiras também de governar diferentes regiões de um mesmo império. Utilizamos o conceito de "repertórios imperiais" para designar as misturas, combinações e transformações das práticas imperiais. O Império otomano, por exemplo, realizou uma mistura de tradições provenientes da Eurásia – dos impérios turco e mongol e da experiência bizantina, portanto, do Império romano – e das práticas dos califados islâmicos. Para administrar seu império multiconfessional, os otomanos se apoiaram nas elites das comunidades religiosas sem ter a ambição de assimilá-las ou destruí-las. Ao mesmo tempo em que o sultão se proclamava guardião do islã, ele recrutava seus servidores mais próximos nos vilarejos cristãos dos Balcãs: convertidos ao islã e formados no palácio, os jovens se tornavam administradores e militares privados de todos os laços sociais exceto aqueles que os uniam com o próprio sultão.

Um império dito "moderno" como a França governou populações tendo estatutos e direitos diferentes. No século XX, o império francês englobava, além da metrópole, as velhas colônias como Guadalupe, cujos habitantes eram todos cidadãos franceses desde 1848; as novas colônias da África ou da Ásia, cujos habitantes tinham o estatuto de súditos; os protetorados em que o rei ou o sultão permanecia soberano mas sob o controle dos administradores franceses – e cuja população mantinha sua própria nacionalidade; e a Argélia, cujo território fora integrado à República francesa mas cuja população estava dividida em cidadãos e súditos. A República francesa tinha, portanto, que enfrentar o mesmo desafio que a China antiga ou o Império otomano: a necessidade de obter a obediência das pessoas em diferentes regiões e de lhes oferecer uma razão para cooperar com o poder imperial. Um repertório variado oferece uma verdadeira flexibilidade ao poder.

Utilizamos, portanto, a expressão "política da diferença" num sentido diferente daquele empregado pelos promotores do multiculturalismo. A reivindicação de reconhecimento pelo poder estatal dos grupos étnicos ou confessionais é apenas uma maneira de jogar com a diferença em política. A diversidade existente entre os súditos dos impérios podia ser um fato banal para as populações e útil para os administradores. O centro podia tecer relações com as elites de cada coletividade. As elites podiam ser conectadas ao centro por relações verticais, sem estar ligadas a outras elites do império por relações horizontais. Outros impérios marcavam uma distinção clara entre os súditos imperiais e os "bárbaros", julgados inferiores; podiam tentar eliminar as diferenças culturais pela assimilação forçada ou pelo extermínio, a expulsão, ou ainda através de uma combinação dessas estratégias.

Assim, o Império romano produziu uma cultura imperial baseada na política republicana da cidade de Roma e nas práticas adotadas das regiões mediterrâneas sobre as quais reinava o poder romano. Roma criou uma nova instituição: uma cidadania extensível àqueles que viviam além dos limites da cidade. A cidadania do Império romano, seu sistema judiciário, as vantagens de uma economia em grande escala, suas práticas do civismo urbano e suas produções artísticas atraíram elites de origens diversas. Tornar-se romano era ao mesmo tempo desejável e possível. Essa tendência à homogeneização se acelerou com a cristianização oficial a partir do século IV. Essa ideia de um império universal fundado na cidadania influenciou mais tarde todos os impérios na Europa e em outras partes do mundo.

Os impérios dos mongóis das estepes eurasianas oferecem um caso bem diferente. Eles não tinham nem capital fixa, nem cultura centralizadora e integradora. O que contava era a lealdade ao

Grande Khan e a seus servidores. Os imperadores mongóis eram tolerantes com as outras religiões – o budismo, o islamismo, o confucionismo, o cristianismo. Os mongóis se tornavam mecenas das ciências e das artes dos árabes, dos persas, dos chineses. A diversidade era considerada um trunfo pelos mongóis, um signo da grandeza de seus reinos. Na China, as dinastias sucessivas deram nascimento a outro meio de gerir elites e populações. O pessoal administrativo era recrutado com base no mérito e recompensado pelo Estado. Essa política permitia a mobilização e a incorporação de elites de diversas confissões e mesmo o controle de cima por dinastias não Han – os mongóis (Yuan) e os manchus (Qing).

O governo dos intermediários

Nos séculos XIX e XX, os impérios europeus na África e na Ásia hesitaram entre uma tendência assimilacionista – nascida de sua crença na superioridade cultural ocidental – e uma tendência ao *indirect rule* (o governo por intermediários locais), sem chegar a escolher ou encontrar um meio termo. Apenas em algumas regiões dos impérios – as zonas de povoamento europeu, as regiões mineiras ou as grandes cidades – a sistematização da dominação colonial se assemelhou à imagem que dela forneciam as descrições oficiais ou as críticas aos abusos cometidos pelos colonizadores. Os administradores europeus não podiam admitir que suas práticas se assemelhassem àquelas dos conquistadores do passado, como os mongóis; para infligir o terror, o soldado com uma metralhadora tinha substituído o cavaleiro com suas flechas.

A importância dos intermediários na administração dos impérios é um tema central de nosso livro. Nenhum império era capaz de governar um domínio extenso, e cujos territórios podiam estar espalhados, como governava dentro de casa. Os dirigentes imperiais precisavam de intermediários; e os encontravam de maneiras muito diferentes. Os agentes do centro imperial e os colonos chegavam com as redes e os valores da metrópole – o que constituía, em princípio, um trunfo para o império –, mas representavam, na realidade, um duplo perigo: a falta de conhecimento das comunidades locais e a tentação para os recém-chegados de criar uma nova versão de sua sociedade de origem, independente da potência imperial. Tais casos de secessão ocorreram de fato nas Américas britânica e espanhola.

Outra atitude consistia em incitar as elites locais a cooperar com a potência imperial. Essa solução tinha a vantagem de reduzir as despesas de administração e de incorporar as elites locais numa estrutura de clientelismo ligada ao centro. Os inconvenientes disso eram a autonomia potencial das elites, a proximidade delas com sua própria base social e sua distância em relação aos métodos e interesses da metrópole. Uma terceira possibilidade era a utilização de indivíduos selecionados e extraídos de seu meio social – por sujeição, competição ou alguma outra maneira.

Em teoria, os impérios europeus dos séculos XIX e XX teriam substituído as estruturas de intermediação pessoal por um sistema burocrático. Porém, nos vastos espaços africanos, a prática era bem diferente. O administrador francês se considerava "o rei da selva", mas, como acontecia com muitos reis, sua capacidade de fazer penetrar seu poder dependia de numerosos intermediários. Ele precisava dos chefes indígenas, dos guardas, dos tradutores, de toda uma série de intermediários que buscavam explorar o poder colonial ao mesmo tempo em que o poder colonial explorava sua ajuda. No momento em que o Império otomano era obrigado, por suas derrotas militares e econômicas, a adotar as tecnologias dos impérios ocidentais, o Império britânico na Índia "se otomanizava", seguindo a lógica de um império fundado na renda da terra, consciente dos perigos representados por um excesso de mobilidade ou de reformas, dependente das elites capazes de gerir as relações sociais locais. Em toda parte, os intermediários eram essenciais, mas também perigosos para seus senhores.

O imaginário político imperial

Cada um dos dirigentes dos impérios imaginava as possibilidades e os desafios que se apresentavam a ele num contexto específico. O imaginário político não era nem único nem infinito – mas definia, num momento determinado, o horizonte dos possíveis. As elites locais e os súditos tinham também seu próprio imaginário, que deve ser compreendido em seu contexto, não no nosso. Os dirigentes dos impérios queriam tornar visível e aceitável seu poder e condenar qualquer alternativa a este. Assim, o monoteísmo foi adotado pelos defensores e pelos construtores de vários impérios – o imperador romano Constantino e, mais tarde, Maomé –, e a ideia de um único império, um único deus, um único imperador agia poderosamente. Mas o cisma, reverso do monoteísmo, representava um perigo, sustentando que o imperador em exercício não era o guardião da verdadeira fé.

O universalismo da monarquia católica dos Habsburgos facilitou seu esforço de incorporação forçada dos povos americanos numa comunidade cristã, mas foi essa mesma ideia que serviu de fundamento à severa crítica pelo frei Bartolomé de Las Casas das práticas de colonização. As organizações antiescravagistas do fim do século XVIII e do início do século XIX deram continuidade à linhagem de Las Casas, condenando a escravidão nos termos ideológicos de seu tempo. Para muitos britânicos, a moralidade de seu país era descreditada pela miséria dos escravos africanos, embora tivessem muito pouco em comum com estes, que viviam em ilhas que a maior parte dos antiescravagistas sequer conhecia.

Em vez de apresentar a história como uma sucessão de épocas, distinguindo-se cada uma da precedente, é preciso reconhecer que o mundo não dança no mesmo ritmo nem marcha na mesma direção. Os impérios não são entidades estáticas; eles emergem, se transformam e desaparecem. A expansão continental dos Estados Unidos oferece o exemplo de uma trajetória imperial caracterizada pela homogeneização dos povos incorporados por assimilação – é o caso dos imigrados vindos da Europa – ou por extermínio ou exclusão – as populações indígenas. A trajetória é aqui o caminho que conduz, após uma guerra civil devastadora, à criação de uma estrutura uniforme – estados com direitos iguais – e de uma ideologia nacional. Mesmo em plena ascensão econômica e militar, o império americano não quis nem governar colônias nem outorgar a outros os direitos associados à cidadania americana. A URSS oferece, ao contrário, o exemplo de uma reificação da noção de diferença. Baseada na tradição imperial nascida dos sucessivos impérios russos que a precederam, a União Soviética foi uma entidade compósita feita de repúblicas nacionais. Cada república tinha "sua" elite, mas todas as elites nacionais estavam ligadas ao centro por redes comunistas, elas próprias controladas pelo poder policial. Na China, uma sucessão de dinastias – inclusive aquelas oriundas dos conquistadores do exterior, os Yuan e os Qing – defendeu a visão de um império unificado, modificando os repertórios das práticas. Os nacionalistas de 1912 e os comunistas de 1949 tentaram defender as fronteiras dos manchus. Os dirigentes da China contemporânea são obrigados a enfrentar tensões antiquíssimas no Tibet e a encontrar meios de controlar as múltiplas confissões e etnias existentes em seu território.

Essas diferentes trajetórias imperiais nos ajudam a compreender melhor a União europeia. O passado europeu é pródigo em esforços que visavam incorporar os diferentes povos e territórios do continente numa única entidade política, mas também repleto de lutas ferozes que visavam impedir essa criação. As ambições de Napoleão ou de Hitler foram neutralizadas por outros impérios, principalmente o russo e o britânico. Depois da Segunda Guerra Mundial – que foi uma guerra de impérios –, a perda de força dos impérios europeus tornou impossível a conquista imperial e permitiu imaginar novas instituições supranacionais no quadro de uma união que é, assim como os impérios, complexa e difícil de gerir.

Para concluir, voltemo-nos para a história do presente. Uma história dos impérios torna mais visível e mais compreensível a instabilidade – e as aberturas – da política mundial dos dois últimos séculos. Numerosas tensões entre visões e organizações políticas permanecem não resolvidas em nosso período dito "moderno", que adora as certezas. Primeiramente, a tensão entre a concepção, bastante difundida, do Estado territorial e o fato de que os Estados mais poderosos – no século XX como no XVI – não foram limitados no espaço e se beneficiaram de uma flexibilidade considerável no exercício de seu poder sobre numerosas regiões e numerosos povos. Um segundo fenômeno de longa duração é a tensão entre a arrogância dos conquistadores – seja a do Império romano na Gália, seja a do Império britânico na África – de se imaginarem donos do mundo e a necessidade em que se encontravam de buscar a cooperação de intermediários entre as populações que consideravam bárbaras. Um bom exemplo dessa tensão pode ser visto hoje no Iraque e no Afeganistão. Uma terceira tensão existe entre o desejo das elites políticas de controlar seu destino e o fato de não poderem escapar a ambições similares da parte de seus rivais. Em quarto lugar, a situação imperial abre a possibilidade, para as elites locais ou para as populações marginalizadas, de superar o quadro limitado da política local e buscar a solidariedade de grupos que vivem em outras regiões do mundo. As redes antiescravagistas do século XIX ou as redes comunistas do século XX são exemplos das conexões que atravessam as fronteiras dos impérios. Em quinto, a questão de saber se é preciso se apoderar das estruturas estatais ou reformá-las é decisiva para os oponentes dos impérios. Várias grandes revoluções ditas nacionais – na América do Norte e na América do Sul, em Saint-Domingue ou na África ocidental francesa – ocorreram no próprio seio dos impérios, antes de se tornarem revoluções contra o império.

Uma última tensão perdura hoje entre a teoria política do Estado e a realidade do poder no mundo. A teoria dominante supõe que a soberania de cada entidade é indivisível e total, e que a política internacional é um jogo entre entidades juridicamente equivalentes. A realidade do poder e a organização política do mundo contemporâneo tornam, contudo, evidentes a não equivalência das unidades políticas e a divisibilidade da soberania de diversas maneiras: num império em que o imperador é o rei dos reis, em impérios que conservam protetorados ou domínios, numa confederação que divide suas funções soberanas com unidades subordinadas ou numa confederação como a União Europeia.

Tomando consciência da não resolução dessas tensões, talvez possamos ampliar nossa reflexão a uma realidade que experienciamos há séculos: a existência de um mundo a um só tempo conectado e desigual.

A Inglaterra, a China e a Revolução Industrial[1]

Éric Monnet

Quando Kenneth Pomeranz, professor de História da Universidade da Califórnia em Irvine e depois da Universidade de Chicago, e reconhecido especialista na China, publicou em 2000 um livro intitulado *The Great Divergence* (*A grande divergência*), suas teses já tinham se difundido e suscitado intensas discussões e controvérsias entre os historiadores da economia. Se *The Great Divergence* provocou tanto rebuliço no seio de uma literatura, entretanto, já muito abundante sobre as causas da Revolução Industrial do século XIX, foi em razão de duas teses que, sem ser totalmente novas, não deixavam de ter um caráter provocante: Pomeranz estabelece, para começar, a quase equivalência, no século XVIII, entre os níveis de desenvolvimento econômico e social da Inglaterra, berço da disparada industrial europeia, e de uma região chinesa, o vale do delta do Yangzi (a montante da atual Xangai); ele explica a seguir as divergências econômicas ulteriores pela capacidade da Inglaterra de explorar o carvão de seu subsolo e os campos de algodão de suas colônias. Essas teses fortes baseiam-se num conhecimento exaustivo dos trabalhos mais recentes sobre as economias chinesa e inglesa, e

---

[1] Este texto é uma resenha do livro de Kenneth Pomeranz, *La force de l'Empire. Révolution industrielle et écologie, ou pourquoi l'Anglaterre a fait mieux que la Chine*. [A força do Império. Revolução industrial e ecologia, ou por que a Inglaterra fez melhor que a China] (2009). Trata-se de uma coletânea de artigos que apresenta de maneira sucinta a tese desenvolvida por Kenneth Pomeranz (2000), antes de sua tradução para o francês (*Une grande divergence: la Chine, l'Europe et la constructions de l'économie mondiale*, 2010. Essa resenha foi publicada inicialmente na revista *La Vie des Idées* em 21 de janeiro de 2010 e está disponível em: <http://www.laviedesidees.fr/Le-charbon-et-l-Empire.html>.

no uso de um método comparatista que postula um descentramento dos questionamentos tradicionais da história econômica. Pomeranz convida assim a sair do "excepcionalismo inglês" para desenvolver aquilo que é comum agora chamar de "história global".

Duas regiões na mesma linha de partida

A operação de Pomeranz se subdivide em dois movimentos. Num primeiro momento, trata-se de efetuar uma comparação econômica entre duas regiões, uma europeia, outra chinesa, para dar a ver suas importantes similaridades; num segundo momento, por eliminação sucessiva, explicar quais podem ter sido os fatores de sua divergência no final do século XVIII. Pomeranz se inscreve naquilo que ficou conhecido como "escola californiana de história chinesa" que, nos anos 1990, trabalhou numa ampla reavaliação do nível de desenvolvimento econômico da China da época moderna, fornecendo assim as bases para uma comparação com a Europa e demonstrando de maneira rigorosa que certas regiões tinham em 1750 um nível equivalente àquele observado em certas regiões europeias. Muitos historiadores já tinham constatado similitudes entre certas regiões da China e da Europa, mas nenhum estabelecera a comparação de maneira tão sistemática e detalhada. Uma longa tradição historiográfica "eurocêntrica" reconhece, por certo, o elevado desenvolvimento econômico e tecnológico da China na época moderna, porém, insiste na existência de vantagens europeias, culturais e geográficas, muito antigas que só teriam se manifestado no século XVIII. Já Pomeranz mostra que nenhum fator presente antes dessa época permite explicar a "grande divergência" ulterior entre a China e a Europa. A força de sua argumentação deriva do fato de que ele põe de lado qualquer determinismo histórico, demonstrando, pelo contrário, que, até meados do século XVIII, pelo menos, nada permitiria predizer e nada tornaria inevitáveis a supremacia e o avanço econômicos ingleses por vir.

Embora não utilize fontes primárias e inéditas para estabelecer suas comparações, Pomeranz reuniu numerosos dados que os historiadores e economistas acumularam ao longo do tempo sobre as duas regiões. Ele escolhe indicadores em função da disponibilidade dos dados, mas também de maneira a avaliar uma a uma as teses importantes que foram aventadas para explicar a industrialização inglesa. Refutando uma análise em nível nacional ou continental, que faria pouco sentido para as economias do século XVIII, ele opera em nível regional, colocando na balança de um lado a Inglaterra, do outro, a região do delta do Yangzi, em particular o Jiangnan.

Num primeiro momento, o autor se interessa pelos dados sobre o consumo dos casais, na linhagem dos célebres trabalhos de Jan de Vries. Estes tornaram definitivamente obsoleta a visão da Revolução Industrial como ruptura radical e súbita, insistindo na continuidade de uma "revolução industriosa" gradual (atuante na Europa pelo menos desde o século XVI), que viu os casais se voltarem cada vez mais para atividades de mercado, consagrar menos tempo a seus lazeres ou às tarefas domésticas e consumir mais bens e objetos fabricados por outros. Pomeranz demonstra que tal processo ocorreu igualmente nas regiões mais comercializadas da China (e também no Japão): os escritos e as cifras da época sugerem um consumo bastante similar ao da Inglaterra para a seda e o chá, mas também para outros tecidos (algodão, linho) e para o açúcar. Essas cifras são muito semelhantes nas duas regiões, tanto para os bens de consumo populares quanto para os bens de luxo, uma constatação que Pomeranz utiliza para contestar as teorias que veem na constituição de uma elite europeia abastada uma marca do advento de um comportamento capitalista precoce.

Esses bens de consumo poderiam, no entanto, ter sido produzidos de maneira não idêntica, no seio de instituições econômicas apresentando características diferentes. Esse argumento se encontra em alguns dos principais autores da história mundial, tão diversos entre si quanto Fernand Braudel, Immanuel Wallerstein, Douglass North ou David Landes. Este último, por exemplo, insiste na capacidade do Ocidente de desenvolver a liberdade do mercado, elemento essencial para o desenvolvimento econômico. Em *The Great Divergence*, Pomeranz toma, portanto, a precaução de estabelecer comparações institucionais finas, a fim de mostrar que o mercado chinês não era menos livre, que os direitos de propriedade não eram menos definidos, e que, em relação à Europa, a China tendia mesmo a se aproximar mais de uma economia de tipo "smithiano" que de uma forma de capitalismo como a descrita por Braudel.

Segundo o próprio Pomeranz, a comparação mais difícil diz respeito ao trabalho, em particular ao trabalho agrícola e à questão do trabalho feminino. O autor consagra uma parte importante dos dois primeiros artigos de *La force de l'Empire* [A força do Império] a contestar a tese de Philip Huang de que a geografia e as instituições agrárias chinesas permitiam uma produtividade e rendimentos bem menores que na Inglaterra. Ele mostra, ao mesmo tempo, que o rendimento por hectare do arroz era equivalente ao do trigo, que as tecnologias agrícolas eram quase idênticas e que a produtividade inglesa não aumentou no século XVIII. No que tange às mulheres, Pomeranz sublinha o trabalho das fiadoras que tinham uma renda próxima à dos homens na Europa, e contesta assim uma visão demasiado patriarcal da família chinesa.

As diferenças geográficas ou ecológicas, ou seja, a fertilidade dos solos, as reservas de madeira ou de combustíveis, não constituem fatores que expliquem uma desvantagem para a região do delta do Yangzy. Pomeranz mostra ainda que, apesar de uma densidade populacional mais elevada, a região do Yangzy não chega a sofrer uma saturação dos recursos naturais mais forte que na Europa dessa época; para retomar seus termos, o "torno malthusiano" não era mais forte na China. As comparações institucionais e estatísticas lhe permitem, portanto, eliminar um a um os fatores tradicionalmente alegados para explicar a disparada industrial inglesa: as restrições ecológicas, as diferenças institucionais, a estrutura dos mercados ou da família, as diferenças de nível e esperança de vida, as tecnologias e a produtividade agrícolas, o desenvolvimento do consumo não podem explicar a revolução inglesa já que o delta do Yangzy possuía características e um nível de desenvolvimento mais ou menos equivalentes.

A disparada inglesa

Mas se recusa um determinismo geográfico que teria favorecido uma região em relação à outra, Pomeranz atribui grande importância às restrições ecológicas. Segundo ele, a interação dessas restrições com processos políticos e sociais teve um impacto essencial sobre a divergência econômica do fim do século XVIII. Em particular, o crescimento da população e da atividade econômica protoindustrial acarretou pouco a pouco uma demanda excessiva de madeira em relação às reservas locais (saturação observável especialmente na grande alta dos preços nas duas regiões estudadas). Foi, em parte, a resposta a essa penúria que fez com que o delta do Yangzi e a Inglaterra divergissem. Essa análise "ecológica" confere à abordagem de Pomeranz uma dimensão original e iconoclasta, ligada aos desenvolvimentos recentes em história ambiental.

O argumento essencial que conclui esse raciocínio é o de que a Inglaterra pôde se liberar de suas restrições economizando as terras graças à utilização do carvão (substituto da madeira) e à exploração das terras de suas colônias do Novo Mundo, enquanto a região do delta do Yangzy teve que se voltar para uma exploração mais intensiva em trabalho de suas próprias terras. O essencial da argumentação se apoia no fato de que, embora a industrialização repouse numa utilização mais forte do capital que do trabalho (diz-se que um setor se torna então mais intensivo em capital), ela necessita de uma mão-de-obra importante que só muda de setor quando os rendimentos são superiores no setor industrial ou protoindustrial. Explorando outra fonte de energia e deslocando uma parte da produção intensiva em trabalho para as colônias, a Inglaterra pôde garantir uma alocação do trabalho nos setores protoindustriais e a seguir industriais, enquanto a agricultura do delta do Yangzy se tornava, de sua parte, cada vez mais intensiva em trabalho.

Segundo Pomeranz, o fato de só a Inglaterra ter se voltado para a exploração do carvão se deveu tanto ao acaso quanto à força das instituições. Embora a China possua recursos fósseis abundantes, o carvão estava mais perto das cidades na Inglaterra e houve também uma vontade política britânica precoce de explorar esses recursos. Pomeranz estabelece também uma grande diferença entre a "força do império inglês", voltado para suas periferias, e o modelo do império interior chinês. Ele mostra, no entanto, que fatores mais contingentes tiveram um papel negativo na relação entre o Yangzi e as regiões vizinhas. O crescimento da demografia e da capacidade de produção de tecidos dos parceiros comerciais do Jiangnan reduziu as exportações desta região, enquanto a divisão familiar do trabalho, mais forte que a divisão geográfica nas regiões periféricas do Yangzi, diminuía igualmente as possibilidades de extensão da agricultura.

Pomeranz considera, portanto, que a exploração do carvão teve um papel determinante na disparada inglesa e reabilita a importância crucial das colônias – da "periferia" – que assumiram as atividades mais intensivas em trabalho e mais desgastantes para o solo, o cultivo do algodão em primeiro lugar. Mais do que ver nas colônias um lugar excepcional de escoamento para os produtos manufaturados ingleses, ele insiste, sobretudo, no fato de que elas liberaram uma boa parte da agricultura inglesa de suas restrições. Seu raciocínio repousa aqui sobre a noção de "hectares fantasmas", ou seja, tudo aquilo que as colônias propiciavam à Inglaterra cultivando hectares que, de outro modo, o próprio país teria que cultivar.

Virtudes e limites da história comparada

As críticas dirigidas a Pomeranz incidiram evidentemente sobre dois pontos principais de sua argumentação: as comparações entre as duas regiões e o papel do carvão e do Novo Mundo.

No segundo artigo de *La force de l'Empire*, Pomeranz responde a diversos autores que refutam a tese de um nível equivalente de desenvolvimento entre a Inglaterra e a China em 1750. Num primeiro momento, ele recorda que elencar similaridades entre regiões não significa considerá-las totalmente semelhantes, mas estabelecer "equivalências aproximativas" que permitem construir uma comparação e assim avaliar que fatores puderam ter uma influência determinante. Da mesma forma, estudar as diferentes regiões num dado momento não equivale a dizer que tiveram evoluções semelhantes anteriormente. Vê-se que a operação comparatista de Pomeranz repousa em parte sobre um raciocínio contrafatual: o que teria ocorrido se tal ou tal fator tivesse sido diferente ou, ao contrário, comum? Mais geralmente, a publicação do livro de

Pomeranz iniciou novos debates sobre a possibilidade de comparar, com dados parciais e sumários, os níveis de vida em países com instituições e culturas muito diferentes. Uma de suas principais contribuições nesse domínio foi a de mostrar a pertinência de tais comparações, sem deixar de sublinhar seus limites evidentes.

Outros críticos insistiram justamente nos pontos em que o trabalho quantitativo se revela por natureza incompleto, principalmente para avaliar o progresso tecnológico nas duas regiões. Aliás, Pomeranz reconhece que seu raciocínio padece da dificuldade existente em medir o nível científico e tecnológico dos países. Como notaram diversos comentadores, Pomeranz não chega a colocar totalmente em causa a tese segundo a qual as invenções tecnológicas se tornam mais numerosas e se difundem mais intensamente na Europa antes do século XVII. Essa questão, no entanto, é crucial, pois a interpretação das trocas comerciais inglesas depende dela: se nenhuma modificação tecnológica e industrial ocorre na Inglaterra antes que comecem as grandes importações de algodão, então podemos efetivamente nos deixar convencer pela teoria dos "hectares fantasmas"; mas se uma evolução tecnológica interna levou a protoindustrialização a seus limites, aumentando assim a demanda inglesa de bens, então as importações e as relações econômicas com as colônias são apenas as consequências de uma revolução industrial já em marcha. Os dados fornecidos por Pomeranz concernentes às exportações e importações não permitem, na verdade, decidir de maneira clara. O autor, consciente dos limites de alguns de seus argumentos, encoraja o desenvolvimento e a utilização de novas bases de dados para afinar as comparações.

Mas não poderíamos reduzir as discussões suscitadas pelo livro a debates quantitativos. Como quer o próprio Pomeranz, são as interações entre as instituições, a política, a tecnologia, a geografia, que é preciso valorizar em última instância, sem ceder ao determinismo que as análises de longo termo frequentemente têm dificuldade de evitar. Ainda que as teses de Pomeranz fossem derrubadas uma a uma, restaria uma operação inovadora que soube impor um novo método e renovar antigos questionamentos por meio de um salutar deslocamento. *The Great Divergence* prega um comparatismo total e verdadeiro em que não se trata mais de comparar as outras regiões do mundo à Inglaterra triunfante para identificar os habituais "bloqueios" ou "impasses" no desenvolvimento, mas de realizar uma comparação sem padrão fixo. Como sublinha de maneira muito esclarecedora Deirdre McCloskey, os desenvolvimentos iniciados por Pomeranz conduzem, portanto, a abandonar também a ideia, inspirada no modelo biológico, de um crescimento "por etapas" ou "por estágios".

Seria um equívoco subestimar a ambição política de semelhante operação científica, e o terceiro artigo traduzido em *A força do Império* sabe recordar isso à guisa de conclusão. O livro de Pomeranz recebeu um eco importante entre os historiadores e economistas, no final de uma década em que teóricos e políticos tinham exacerbado a ideia de um modelo superior de desenvolvimento econômico (aquilo que se chamou por vezes de "consenso de Washington"). Muitos trabalhos se engajaram numa abordagem comparatista para hierarquizar os fatores de performance econômica e, muitas vezes, fazer o elogio de um modelo único e claramente definido (principalmente anglo-saxão), mais do que para demonstrar a contingência das vias de desenvolvimento econômico e a multiplicidade das trajetórias possíveis, como convida a fazer Pomeranz (2009, p. 109) quando diz "reconhecer que as diferentes características hoje comuns a todas as economias modernas não advieram segundo o mesmo roteiro uniforme". Como escreve, não sem lógica, o autor, esse desafio exige então estudar outras regiões além daquelas da Inglaterra e da China. Parece hoje que tais estudos se desenvolveram mais rapidamente no que diz respeito à Ásia, e especialmente às regiões da Índia e do Japão, do que à Europa, onde já se sabe, no entanto, que regiões dinamarquesas e holandesas tinham um desenvolvimento econômico muito similar àquele da Inglaterra e do Yangzi em 1750 e enfrentavam restrições ecológicas equivalentes. Resta-nos desejar que a perspectiva aberta por Pomeranz ofereça novas interpretações sobre as razões pelas quais foram outros países europeus os primeiros a tomarem o caminho industrial iniciado pela Inglaterra.

O gosto pelo arquivo é poliglota[1]
Entrevista com Sanjay Subrahmanyam

Anne-Julie Etter e Thomas Grillot

La Vie des Idées: O senhor já abordou gêneros históricos bem diferentes, mas parece que a biografia retorna de diversas maneiras em sua obra. Como esse gênero se impôs ao senhor?

Sanjay Subrahmanyam: Fiz minha tese em História Econômica na Delhi School of Economics. Era uma verdadeira tradição lá, e eu fazia parte da terceira geração a se interessar pelo comércio no Oceano Índico. Historiadores como Tapan Raychaudhuri e Om Prakash trabalhavam nos arquivos, especialmente da Companhia holandesa, e eram muito chegados às estatísticas. Mas eu não queria ser prisioneiro dos arquivos de uma única companhia. Então disse a Om Prakash que os arquivos dos outros países europeus não permitiam produzir o mesmo gênero de estatísticas. Era verdade, mas tratava-se de uma justificação *a posteriori*: simplesmente não estava interessado naquela abordagem, embora tivesse sido bem formado em Econometria. Quando comecei a fazer pesquisa, me dei conta de que esse gênero de macro-história não me interessava. Eu queria jogar com níveis diferentes. No livro que resultou da minha tese, *The Political Economy of Commerce. Southern India 1500-1650* (1990), utilizo já algumas vinhetas mais ou menos biográficas,

---

[1] Este texto é composto de extratos da entrevista realizada por Anne-Julie Etter e Thomas Grillot com Sanjay Subrahmanyam para a revista *La Vie des Idées/Books and Ideas*. A versão completa, publicada em 27 de janeiro de 2012, está disponível no endereço <http://www.laviedesidees.fr/Le-gout-de-l-archive-est.html>.

que me permitem explicar o que é um certo tipo de capitalismo comercial na Índia, na época moderna, a partir de exemplos bem precisos de carreiras. Sempre joguei entre esses níveis.

Também fui bastante influenciado em minhas escolhas por certo número de pessoas. Os dois orientadores do meu doutorado, Om Prakash e Dharma Kumar, seguiam direções muito diferentes. Om Prakash era acima de tudo um estatístico, já Dharma Kumar, que trabalhava sobre a Índia colonial do século XIX, era extremamente aberta. Ela começou me dando uma lista de algumas dezenas de livros, entre os quais o *Mediterrâneo* de Braudel (1949) – para Om Prakash, não era o tipo de trabalho que "a gente faz", como ele dizia. Dharma Kumar se interessava muito pela história cultural, a ponto de me recomendar coisas muito estranhas, historiadores muito excêntricos como Theodore Zeldin, o especialista britânico na França, ou Richard Cobb – no final das contas, ela era um bocado anglófila. Ashin Das Gupta, um historiador que vivia em Calcutá e que foi da minha banca, também me influenciou muito, principalmente com aquele que, para mim, é o melhor livro sobre o Oceano Índico escrito pelos pesquisadores daquela geração, *Indian Merchants and the Decline of Surat* (1979), que é essencialmente o estudo de uma família no porto de Surate no século XVIII. Das Gupta segue ali o percurso de um grande mercador muçulmano, Mulla Abdul Ghafur, e de seus descendentes.

La Vie des Idées: Essa escolha de esquecer as estatísticas é a escolha de uma história de rosto mais humano, de uma história mais acessível?

Sanjay Subrahmanyam: Passeando em Delhi depois de minha defesa, Das Gupta me disse: "Você não foi feito para a história do comércio das Companhias." Não se tratava apenas de escolher uma história de rosto humano. Havia também a questão da escrita. Os dois maiores estilistas daquela geração eram ele e Ranajit Guha. Seu estilo em inglês é inimitável, dá para reconhecer na hora. Das Gupta também escreveu muito em bengali, mas de maneira mais popular. Eu mesmo publiquei diretamente em tâmil somente como jornalista. Não escrever monografias de História em línguas indianas dá uma forte sensação de culpa. Mas fazê-lo é privar-se de mercado e de interlocutores. Um historiador com quem colaborei muito, Muzaffar Alam, que teve uma formação bem mais tradicional que a minha – ele estudou numa madraça, uma escola muçulmana –, conhece muito bem o urdu, o persa e o árabe, mas sente certa dificuldade para escrever em inglês. Eu sugeri que trabalhássemos em urdu, mas ele recusou, pois estava convencido de que não teríamos os leitores que desejávamos.

É verdade que podemos criar nossos leitores, mas escrevemos em primeiro lugar para as pessoas que se interessam pela História como profissionais, não para aquela massa que, na Índia, lê nossos livros com um olhar político e, portanto, de través. Meu livro sobre Vasco da Gama, por exemplo, foi interpretado como um ensaio polêmico contra o Ocidente – o que ele não é de modo algum –, a ponto de dizerem que o Gama que pintei é um precursor do FMI (Fundo Monetário Internacional) e do Banco Mundial! Meu trabalho com Muzaffar Alam, que versa principalmente sobre as relações entre comunidades religiosas, também foi explorado para denegrir a imagem dos muçulmanos nos séculos XVII e XVIII – uma verdadeira obsessão para certas pessoas na Índia. Mas, para além da política, há simplesmente a questão da diversidade linguística na Índia; escrever em tâmil é não ser lido em Delhi, e vice-versa se escrevemos em urdu, embora seja uma língua bem mais difundida.

O problema das fronteiras

La Vie des Idées: Uma parte considerável de sua obra é consagrada ao exame das conexões entre impérios, zonas comerciais, etc. O senhor sublinha que essa atenção às conexões conduz a redefinir os objetos da investigação histórica. Que tipo de objeto histórico semelhante enquadramento faz emergir?

Sanjay Subrahmanyam: Para abordar essa questão, é preciso sempre ter um contexto historiográfico em mente. Pertenço a uma geração que é de certa maneira pós-nacionalista. A história feita pelas pessoas da geração do meu pai, pessoas nascidas nos anos 1920 e 1930, era sempre nacional, e por vezes nacionalista – diria que em certos casos falsamente nacional, como aquela dos historiadores bengalis, que trabalhavam sobre uma região pretendendo que a história desta era mais ou menos equivalente à história nacional.

Para ilustrar essa historiografia nacional e nacionalista, eu daria o exemplo de Bipan Chandra, mas também de toda uma série de seus discípulos que trabalhavam na Jawaharlal Nehru University (JNU). Passou-se a seguir à crítica dessa história, e foi esse, em parte, o trabalho dos *Subaltern Studies*. Superar a crítica se revelou muito difícil: voltava-se sempre às mesmas coisas, ainda que fosse numa outra ótica ou com alguns *mea culpa* no começo.

Para mim, que via a crítica da história nacional como um fato consumado, era preciso tomar uma nova direção. Eu tinha a vantagem de ter acesso a certo número de outros arquivos: não era, portanto, obrigado a trabalhar a partir de uma literatura secundária, o que é sempre bastante problemático. Tinha igualmente a sorte de estar em contato com pessoas que trabalhavam sobre outras regiões. Quando estava em Paris, trabalhei muito com estudiosos da Ásia do sudeste (Denys Lombard, Claude Guillot, etc.) e da América Latina, como Nathan Wachtel e Serge Gruzinski. Outra possibilidade se abria então para mim. Pensei que podia ser interessante fazer histórias conectadas ou "transfronteiras". Não se trata necessariamente das fronteiras políticas; falo igualmente das fronteiras definidas pelas convenções historiográficas.

O fato de estar na França me dava uma consciência ainda mais aguda do peso esmagador do modelo da história nacional, que continua sensível hoje. Isso não quer dizer que os franceses não se ocupem de história italiana, ou até britânica... mas, justamente, sem recolocar em causa os quadros nacionais. Se sublinhamos que é preciso sair da história nacional, as pessoas dizem que isso já foi feito e citam sempre o *Mediterrâneo* de Braudel. Mas, passando de uma geração à outra dos *Annales* e da historiografia francesa – a primeira versão do *Mediterrâneo* é de 1949, a segunda de 1966 –, assistimos, na verdade, a uma espécie de recuo. Quando propus essa ideia de história conectada, foi, portanto, em primeiro lugar, contra aquela de história nacional. Ela se opunha, em segundo lugar, à ideia de um comparatismo em que os objetos comparados seriam os Estados-nação. Num artigo recente, chamei esse paradigma de o problema da convergência-divergência; ele obseda os pesquisadores, tanto em história econômica quanto em história cultural, que se perguntam, por exemplo, se a música chinesa do século XVIII se assemelhava mais à música francesa que aquela do século XVI. É uma questão absurda, mas é o paradigma que tende a se impor, sob a influência dos historiadores da economia.

La Vie des Idées: *O senhor se sente, apesar de tudo, tentado por outros paradigmas? Por uma atenção mais forte às macrorregiões? À Ásia em seu conjunto?*

Sanjay Subrahmanyan: É o que critico em alguém como Dipesh Chakrabarty. Ele tece uma crítica do eurocentrismo realmente válida em *Provincializing Europe* [Provincializando a Europa] (2000), mas não propõe nada de concreto em seu lugar. Devemos voltar às velhas histórias nacionais e nacionalistas? Ou trata-se antes, como ele faz no final de seu livro, de aceitar as Luzes, por mais problemáticas que sejam? Em todo caso, não creio que a solução resida no exame de macrorregiões como a Ásia. Não quero, de modo algum, propor uma história da Ásia – uma construção completamente absurda, embora se possam fazer coisas interessantes a partir dela. O historiador turco Cemil Aydin, em seu livro *The Politics of Anti-Westernism in Asia* [As políticas do antiocidentalismo na Ásia] (2007), propõe, por exemplo, uma comparação fascinante entre as tendências pan-asiáticas no Japão no início do século XX e as tendências pan-islâmicas no mesmo momento entre os otomanos e os turcos. Ele mostra que uma espécie de cruzamento ocorreu no momento do fim do califado otomano, enquanto os japoneses formulavam a ideia de uma sociedade de cooperação pan-asiática contra os russos. Esse objeto é interessante. Mas se pensarmos que existe um verdadeiro objeto que se chama Ásia e que é preciso reconstruir a história dessa Ásia como verdadeiro objeto, corremos o risco de esbarrar em grandes dificuldades.

O florescimento das abordagens transnacionais

La Vie des Idées: *Sua abordagem conectada da História está centrada na Índia do Sul, o Império mugal, a Europa na época moderna, ou ainda o que o senhor chama de Eurásia na época moderna. Na França, conhecemos a obra de Serge Gruzinski sobre "os mundos misturados da* *monarquia católica". O senhor pode evocar trabalhos que se debruçam sobre outros espaços ou outras entidades?*

Sanjay Subrahmanyam: Não era para a abordagem conectada se tornar uma escola. Eu falei dela num artigo publicado em 1997, "Connected Histories: Notes Toward a Reconfiguration of Early Modern Eurasia". A seguir, tornou-se uma das questões debatidas no quadro do seminário que eu ministrava na EHESS [Escola de Altos Estudos em Ciências Sociais] junto com Serge Gruzinski, Nathan Wachtel, Carmen Salazar e, mais tarde, Kapil Raj. Cada um puxou um pouco a brasa para sua sardinha. Eu estava interessado principalmente na ideia do mundo eurasiático, de modo que me debrucei sobre a conexão entre o mundo do Mediterrâneo, os otomanos, o Irã, a Índia e mesmo a Ásia do Sudeste. Serge abordou a questão pelo viés da monarquia católica: o interesse para ele consistia, sobretudo, em atravessar a fronteira que separa a historiografia portuguesa daquela em língua espanhola. Por mais absurdo que isso possa parecer, existe uma verdadeira muralha entre essas duas historiografias. Nos três últimos livros que escreveu a partir das *Les quatre parties du monde* (2004) (*Quatro partes do mundo* [2014]), ele sempre permaneceu mais ou menos nesse quadro que é o império luso-espanhol.

Outros pesquisadores puderam se orientar em direção a esse tipo de abordagens por real interesse ou porque estava na moda. Numerosos trabalhos versam sobre os espaços marítimos e oceânicos, dando a ver cruzamentos das entidades políticas e dos arquivos, como no Caribe no fim do século XVII e no início do XVIII. Os trabalhos que tratam das regiões fronteiriças levando em conta os dois lados das fronteiras são igualmente interessantes, como no livro *China Marches West* [A China marcha para o Ocidente] de Peter Perdue (2005). Aqueles que adotam esse tipo de perspectiva costumam vir da história econômica, ou trabalham sobre as diásporas dos mercadores. Um de meus colegas, Sebouh Aslanian, trabalha, por exemplo, sobre os armênios nos séculos XVI, XVII e XVIII. Francesca Trivellato, que se interessa pelos mercadores judeus sefarditas, cita em certos momentos as *Connected Histories* como inspiração.

É verdade que essa abordagem se limita, no essencial, aos trabalhos que versam sobre o período dos séculos XVI-XVIII. Ela não teve muito efeito sobre os séculos XIX e XX, sobretudo por causa da dominação da história nacional, muito mais forte nesse período. A formação dos pesquisadores também é um fator importante: na França e em outros lugares, aprende-se uma língua e trabalha-se num fundo de arquivos nessa língua. Um dia, alguém veio me contar que estava trabalhando sobre a construção de navios para a marinha japonesa em Newcastle. Os ingleses queriam utilizar os japoneses contra os russos. Havia, portanto, toda uma história – que essa pessoa estava se esforçando por reconstruir – sobre os japoneses que tinham vindo e se instalado lá. Para isso, dispõem-se de fontes em japonês (as cartas dos japoneses que se encontravam na Inglaterra), de fontes oficiais e não oficiais. É possível também utilizar os arquivos das empresas que construíam os barcos. O sujeito que estava trabalhando sobre esse assunto me explicou que aquilo que estava fazendo era uma espécie de história conectada. Além do Japão e da Inglaterra, havia um pequeno lado italiano na história. Talvez se pudessem encontrar igualmente espiões russos. É, portanto, possível construir esse tipo de objetos, embora eles sejam complexos e não entrem facilmente no quadro de uma história nacional. Se isso for feito com os séculos XIX e XX, imagino que será chamado de história transnacional ou algo do gênero. Por mim tudo bem: o que importa não é o nome, e sim a abordagem.

Holandeses e javaneses, história de um encontro incerto[1]

Philippe Minard

Em 22 de junho de 1596, quatro barcos holandeses comandados por Cornelis de Houtman lançam âncora na baía do porto de Banten, em Java. Eles vieram procurar as preciosas especiarias, sobretudo a pimenta-do-reino, cujo acesso se tornara bem difícil para eles na Europa desde que seu adversário obstinado, o rei da Espanha, Filipe II, se tornou também rei de Portugal. Em Banten, Houtman e seus homens descobrem uma cidade de 40 mil habitantes, um caleidoscópio linguístico desconcertante (ali se fala javanês, malaio, sundanês...), mercadores persas, guajaratis e chineses com redes bem instaladas, e uma sociedade complexa atravessada por intensos conflitos políticos. O paradoxo é que seu primeiríssimo contato passa então pelo intermédio de emissários portugueses enviados pelas autoridades locais! Como os holandeses serão recebidos, e o que poderão compreender desse universo desconhecido? Esse é o ponto de partida do belo livro de Romain Bertrand, uma obra erudita, palpitante e abundante ao mesmo tempo, muito bem escrita, embora sua arquitetura complexa possa surpreender, à primeira vista, um leitor acostumado a organizações mais simples.

---

[1] Uma primeira versão deste artigo foi publicada na revista *La Vie des Idées* em 4 de abril de 2012 sob a forma de uma resenha do livro de Romain Bertrand, *L'histoire à parts égales. Récits d'une reencontre Orient-Occident (XVIe-XVIIe siècle)* [A história em partes iguais. Narrativas de um encontro Oriente-Ocidente (séculos XVI-XVII)] (2011). Disponível em: <http://www.laviedesidees.fr/Pour-l-histoire-connectee.html>.

Pensar o encontro

Os viajantes holandeses se veem mergulhados num universo de incertezas radicais: não falam as línguas locais, ignoram os rituais em uso. Estão lá para comerciar, mas como chegar a um acordo sobre as condições da troca quando tudo lhes é desconhecido ou suspeito, do sistema de pesos e medidas até os equivalentes monetários? O primeiro contato, observa belamente o autor, é feito de "pequenos dramas metrológicos", e o socorro de intermediários chineses e de pilotos locais se revela indispensável para essa aventura comercial na Insulíndia. Para além disso, a questão que se coloca é a das próprias condições de possibilidade do contato, das convenções mínimas que permitem a interação entre universos tão distantes.

O encontro se dá inicialmente como choque: os holandeses ignoram tudo das regras de civilidade e dos códigos que regem a alta sociedade javanesa; cometem inúmeras gafes, em geral involuntárias, e chocam profundamente as elites palatinas e seu senso da conveniência e da harmonia bem ordenada. À luz da concepção javanesa e malásia da ordem sociopolítica e da ascese que ela exige, os europeus parecem agitados, incivis, grosseiros, eles gesticulam e falam a torto e a direito, introduzindo uma desordem intolerável. Os homens de Houtman são vistos como brutos estúpidos: entregam-se ao jogo e ao álcool. Pior, urinam de pé e comem com as duas mãos, o que denota uma profunda incivilidade. As elites das cidades-Estado muçulmanas da Insulíndia percebem essas atitudes como verdadeiros escândalos. Aos olhos dos aristocratas javaneses, esses holandeses são, portanto, mercadores sem modos, sem moral nem senso de honra. Nos confrontos que não tardam a sobrevir, dão provas de uma patifaria imperdoável. O "choque" deriva menos de um conflito de "culturas" do que de um antagonismo social: ele confronta "um punhado de marinheiros e mercadores sem modos" a "aristocratas cheios de convenções" (BERTRAND, 2011, p. 446). Seus universos de referência mostram-se assim incomensuráveis.

Tamanha é a distância entre esses universos sociais que podemos mesmo nos perguntar se o encontro pôde ocorrer. De fato, essa questão da comensurabilidade obseda o livro inteiro e constitui seu fio condutor. A própria unicidade do mundo do encontro parece problemática, dado o abismo que separa os regimes de historicidade em que evoluem os atores de ambas as partes. Num belo capítulo consagrado à análise das relações com o tempo e da diferença entre os sistemas calendários europeus e as cronodiceias insulíndias, Romain Bertrand demonstra que os protagonistas vivem em universos radicalmente heterônomos: "A própria textura do tempo difere em densidade e qualidade" (p. 308), de maneira que não existe realmente um "lugar comum" do encontro. Mais que um mundo do encontro, é o encontro entre mundos o objeto do estudo.

Essa constatação dita o método adotado e a estrutura do livro: querendo dar conta das condições do encontro sem adotar um ponto de vista que seria necessariamente parcial, embora involuntário, o historiador pretende "navegar" entre dois mundos, ir de um a outro, para manter "a parte igual" entre eles.

Uma história em partes iguais

O método está próximo daquele da "comparação recíproca" como definida por Kenneth Pomeranz,[2] conferindo uma dignidade igual aos dois universos observados, sem teleologia nem etnocentrismo. A investigação mobiliza as narrativas de viagem e os diários de bordo europeus, e todas as crônicas insulíndias disponíveis, consideradas igualmente como documentos, evitando-se qualquer condescendência antropológica, ainda que essas diferentes fontes provenham de registros discursivos muito variados. As narrativas malásias ou javanesas evidentemente não respeitam as convenções de datação ou de descrição que nos são familiares, mas os textos ocidentais também têm suas próprias convenções, que é preciso, portanto, objetivar e criticar. Se não existe nenhuma narrativa bantenesa do encontro com os holandeses comparável aos relatos de viagem publicados na Europa, a constatação de uma incontestável assimetria documental não deve nos fazer renunciar a manter

[2] Ver o artigo de Éric Monnet neste livro, p. 39.

"a parte igual" entre os dois universos: nos dois casos, devem-se restituir as lógicas narrativas e os vieses ideológicos das fontes.

Mas também se deve evitar considerar a cena do encontro de maneira binária. A história simétrica com que se opera aqui não negligencia que os universos europeu e o insulíndio considerados nada têm de homogêneos. Muito pelo contrário, as lutas intereuropeias desempenham um papel determinante. Os homens da Companhia Holandesa das Índias Orientais (*Vereenigde Oost-Indische Compagnie* – VOC) e aqueles do Estado da Índia portuguesa travam uma concorrência impiedosa no Oceano Índico. Da mesma forma, a competição é intensa entre os principais sultanatos da Insulíndia. Donde os jogos complexos de aliança e de equilíbrio entre uns e outros. Numa outra escala, rivalidades e lutas faccionais entre redes (locais ou transoceânicas) de patronato e de parentela desempenham um papel determinante. Assim, os homens vindos das Províncias Unidas pertencem a uma comunidade cívica local, a uma cidade de origem, bem mais que a uma pátria holandesa ainda em construção. Falar em termos de entidades globais indiferenciadas seria redutor.

Essa constatação é essencial: ela invalida irrevogavelmente qualquer análise em termos de "choque das civilizações", ou de conflito entre islã e cristandade, embora o encontro descambe frequentemente para o enfrentamento mortal sob a invocação do motivo religioso. Do lado ocidental, em pleno período de guerras religiosas, é bem difícil reunir católicos e protestantes sob a bandeira da cruzada missionária depois da Grande Revolta dos Países Baixos e na época da luta das Províncias Unidas calvinistas contra a Espanha e o Portugal católicos. Do lado insulíndio, o pluralismo é regra geral e a marca budista permanece forte, embora a região conheça há vários séculos uma real islamização: esta se operou irregularmente, num vaivém permanente de homens e de ideias entre a península arábica, o sul da Índia e o mundo málsio, produzindo identidades distintas e querelas de interpretação místicas nas quais a relação com os europeus não desempenha nenhum papel. De fato, o motivo religioso se encontra frequentemente instrumentalizado em benefício dos motivos políticos, e, como escreve Romain Bertrand (2011, p. 259), "à guisa de mártires da

Fé, encontramos o mais das vezes vítimas de represálias militares e de intrigas comerciais. A fidelidade confessional não é a razão dos conflitos, apenas seu vocabulário".

Devemos sublinhar também que esse encontro javanês não ocorre isolado numa redoma. Em escala local, lembremos a presença de mercadores indianos e chineses. Da mesma forma, os exércitos que se enfrentam nada têm de homogêneos: nas tropas da VOC que defendem Jakarta-Batávia nos anos 1620, encontram-se mercenários japoneses, mas também suíços e franceses, mestiços nascidos nas companhias portuguesas do subcontinente indiano, chineses de Macau e escravos negros. Em suma, um exército mestiço. Enfim, se aumentamos a distância focal, passando do primeiro plano para o plano geral, a Insulíndia aparece como um lugar "global": Java é, com efeito, ligada por "conexões de longo curso" com a China imperial através de seus mercadores, com o mundo persa e com o império otomano através dos ulemás, com o Gujarate através de seus marinheiros e negociantes. Encontramos aqui o tipo de encaixes que Denys Lombard descreveu em seu notável estudo sobre *A encruzilhada javanesa* (1990). Assim, esse livro manifesta a força heurística da história conectada, metodologia emprestada de Sanjay Subrahmanyam, colocando em relevo as conexões e as circulações mundiais a partir de variações da distância focal, jogando com as diferentes escalas espaciais. Compreende-se dessa forma que a análise de tipo micro-histórico pode perfeitamente se articular com a escala das circulações a grande distância, digam o que disserem os espíritos rabugentos: Romain Bertrand nos oferece uma descrição densa (para retomar a expressão de Clifford Geertz) dos acontecimentos de Banten, analisando ao mesmo tempo os laços que conectam Java ao resto do mundo.

Fecundidade da rota das Índias

Conduzindo-nos assim pela rota das Índias e do Mediterrâneo sudeste asiático, este livro opera um feliz descentramento. Faz a história do encontro europeu-malásio sair de uma visão binária redutora, e restitui ao mundo insulíndio tanto sua inscrição global quanto sua autonomia histórica. Por um lado, as elites javanesas mantinham laços antigos com a península arábica, o império otomano e a China imperial, mas também com o mundo persa e a Índia mugal. Por outro, mesmo depois da chegada dos europeus, esse mundo insulíndio não se determina prioritariamente em relação a eles; sua chegada, no fundo, não é mais que um elemento entre outros.

Resulta daí um grande efeito de estranhamento, cujas vantagens e efeitos heurísticos são manifestos, já o dissemos, mas que também têm seu custo. A grande erudição do autor expõe o leitor a uma avalanche de noções, de termos e de nomes de lugares que exigem uma leitura muito atenta, pois não é difícil se perder. O glossário e os mapas são ajudas preciosas; uma cronologia menos seca teria sido bem-vinda. Essas certamente são as inelutáveis dificuldades de uma história conectada que mobiliza um saber tão vasto sobre universos nada familiares ao leitor francês. Desse modo, devemos agradecer ao autor por nos oferecer o detalhe de todas essas crônicas javanesas inacessíveis para nós. Uma reserva, no entanto: o texto oscila por vezes entre a exposição e a exegese, entregue à indeterminação do estilo indireto livre, como se a sedução exercida pela crônica e o feitiço da narração se sobrepusessem à prudência analítica e ao distanciamento crítico de que o autor dá provas em outros momentos. Tudo se passa como se ele baixasse a guarda de tempos em tempos, abandonando-se ao prazer da narração cativante. Da mesma forma, a exposição da crítica das fontes permanece desigual e incompleta, e chega também um pouco tarde no curso do livro. O contexto preciso e as condições de produção das fontes mobilizadas nos são apresentados por vezes de maneira fragmentada, aos cacos.

Mas não se pode negar que a obra abre perspectivas fortes. Esse livro oferece especialmente uma preciosa lição de antropologia política aplicada, analisando os grandes tratados malásios sobre a realeza. Ancorados numa "camada profunda de enunciados" (BERTRAND, 2011, p. 347) – a fórmula é perigosa – herdada a uma só vez das literaturas hindu-budistas da idade clássica e do islã malásio, esse tratados preconizam uma concepção protocolar e muito ritualizada da ação régia, fundada na figura do soberano imóvel que exprime seu poder por meio de sua impassibilidade ascética. O *negara* (ordem política) procede a uma ordenação da natureza e da sociedade por um rei-jardineiro que convida cada um a perseverar no cumprimento dos deveres que lhe impõe seu estado. O autor aplica aqui o método de história simétrica e de vaivém entre Ásia e Ocidente evocado mais acima. Ele observa inicialmente a circulação da gesta alexandrina: o imperador macedônio aparece sob o nome de Alexandre, o Bicorne, e configura a mitologia imperial. Mas, sobretudo, nesses tratados, percebe-se a possibilidade do tiranicídio, discutida pelos calvinistas dos Países Baixos ou pelos pensadores monarcômacos franceses da época, e também a importância da inspiração mística e do recurso à astrologia como arte de governo, que o autor relaciona com textos europeus exatamente contemporâneos como a *Expulsão da besta triunfante* (1584) de Giordano Bruno ou a *Demonomania dos bruxos* (1580) de Jean Bodin, textos esquecidos que nos surpreendem, tanto parece exótica essa combinação da mística e da política: o efeito de estranhamento é intenso, mas não é o mundo malásio que nos surpreende, é a época, esse fim de século XVI anterior à grande "virada antimística" do Ocidente católico dos anos 1660-1680, e que nos parece tão estranha. O exotismo, nesse caso, é sobretudo ocidental. Mas a comensurabilidade dos modelos políticos é impressionante aqui, a contrapelo de todos os nossos preconceitos. O método do autor demonstra então sua eficácia.

Romain Bertrand caracteriza como uma "experimentação historiográfica" essa história conectada que pretende praticar uma "exploração temática conjunta e paralela" (p. 21), mais que uma comparação estrutural termo a termo, entre dois universos postos em contato de maneira contingente. De fato, ele vai ao encontro das proposições metodológicas de Sanjay Subrahmanyam, o especialista na Índia e na história conectada, hoje professor na Califórnia. O mais importante é que essa exploração passa por uma história situada das práticas, apoiada na descrição e na análise dos instrumentos utilizados pelos atores. Sob esse ângulo, o sucesso é estrondoso. Esse livro assinala, no contexto francês, uma benfazeja virada historiográfica.

O tesouro dos Ephrussi[1]
Literatura e história conectada

Ivan Jablonka

The Hare with Amber Eyes (*A lebre com olhos de âmbar*), saudado na Inglaterra por uma imprensa unânime e coberto de prêmios literários, foi traduzido para o francês em 2011. Esse livro original sob todos os aspectos conta a saga dos Ephrussi, mercadores de trigo originários de Odessa que se tornaram banqueiros nos quatro cantos da Europa. O objeto da narrativa é menos a própria família que uma coleção de netsukes transmitidos de geração em geração até seu último proprietário em data, Edmund De Waal, artista-ceramista mundialmente conhecido.

Netsukes? Esses bonequinhos de 2 a 15 cm de altura, originalmente usados no cinto como ornamento indumentário, pertencem à tradição artística japonesa (os mais raros chegam a valer 275 mil euros). Esculpidos em marfim ou madeira, representam todo tipo de personagens, animais e objetos em posturas variadas. Entre as 264 peças da coleção Ephrussi, encontram-se um lobo pedrês, um casal de acrobatas abraçados, um polvo, um fauno num leito de folhas, uma cigarra, um homem sentado com uma abóbora entre os pés, um tanoeiro manejando uma enxó, muitos ratos e caçadores de ratos, peixes, nêsperas e, obra-prima epônima, uma lebre com olhos de âmbar. Essa magnífica coleção (não sem equivalente, já

---

[1] Uma primeira versão deste artigo foi publicada na revistaL *La Vie des Idées* em 6 de março de 2012 sob a forma de uma resenha do livro de Edmund De Waal *La mémoire retrouvé* [A memória redescoberta] (2011). O artigo está disponível no endereço: <http://www.laviedesidees.fr/Le-tresor-des-Ephrussi.html>.

que no século XIX Edmond de Goncourt possuía 140 netsukes e outros até 200) vale tanto pela variedade das figuras quanto pelo *dégradé* das cores creme e acaju, o lustre e a pátina, a leveza do objeto, a delicadeza da execução – a assinatura do artista cabe no tórax de um zangão! Como se a alma de seus ancestrais palpitasse ainda nesses netsukes, Edmund de Waal costuma escolher um para passar o dia com ele:

> Um netsuke é tão pequeno, tão leve, que fica entre as chaves e as moedas e quase desaparece ali no meio [...] De tempos em tempos, faço-o rolar entre meus dedos. É então que me dou conta do quanto é importante para mim que esse objeto, ao mesmo tempo duro e suave, e tão fácil de perder, tenha sobrevivido (DE WAAL, 2011, p. 24-25).

Esse fetichismo não traduz apenas um prazer de esteta. Se Edmund De Waal sente tamanha responsabilidade por sua coleção é porque ela é portadora de uma herança espiritual: salvos de um século de história europeia, esses objetos tão frágeis são tudo o que resta dos Ephrussi, uma das maiores famílias judaicas do século XIX, ao lado dos Rothschild, dos Camondo e dos Cattaui. É este o assunto do livro: retraçar o périplo desses netsukes, comprados em Paris nos anos 1870 por um distante primo de segundo grau, Charles Ephrussi, oferecidos como presente de casamento a Viktor Ephrussi, bisavô do autor, banqueiro em Viena no início do século XX e finalmente levados para a Tóquio dos anos 1950 por Iggie, um tio-avô.

Paris, Viena, Tóquio

Nos anos 1860, a família Ephrussi, esses "reis do trigo" capazes de investir nas estradas de ferro da Rússia e da França, nas pontes do Danúbio, em docas e canais, envia seus filhos para abrirem sucursais em toda a Europa. Paris, a Cidade Luz, capital das artes, fica a cargo de Charles (1848-1905). O jovem frequenta ali os salões da moda, convive com a fina flor da aristocracia, compra objetos artísticos com sua amante, Louise Cahen d'Anvers. No momento em que o japonismo se torna uma religião – Monet pinta *La japonaise* e coleciona estampas, Odette recebe Swann de quimono numa sala decorada com biombos e lanternas –, o casal se entusiasma com as lacas, marfins, faianças, bronzes, leques, bibelôs, vestidos. Charles expõe seus recém-comprados netsukes sobre uma faixa de veludo verde, numa vitrine de madeira escura, com um espelho no fundo do móvel multiplicando a coleção. Paralelamente, ele adquire cerca de sessenta obras impressionistas, Monet, Cassat, Morisot, Sisley, Pissarro, em particular *Une botte d'asperges* [Um molho de aspargos] de Manet (1880). As mundanidades o interessam menos que antes: o "dândi-beneditino da rua de Monceau", segundo a fórmula de seu secretário (o poeta Jules Laforgue), torna-se historiador da arte, colecionador e mecenas.

Mas o dinheiro dos Ephrussi inspira tanta inveja quanto ódio. Quando fica sabendo que Charles, seu mecenas, aprecia o trabalho de Gustave Moreau, Renoir deixa explodir sua amargura: "Ah, esse Gustave Moreau! [...] Tenho que admitir que é um finório. Que habilidade de sua parte ter sabido seduzir os judeus, ter tido a ideia de escolher para suas pinturas tonalidades douradas. Até o Ephrussi caiu na esparrela" (p. 106). Quando estouram escândalos implicando especuladores de origem judaica, os irmãos Goncourt julgam que os salões estão "infestados de judeus e judias". O caso Dreyfus estoura em 1894.

A estrela dos Ephrussi empalidece, o Japão sai de moda: expedidos para Viena por ocasião do casamento do primo Viktor com a bela Emmy, em 1899, os netsukes começam uma segunda vida. Milionário, filho de um "fundador", Viktor Ephrussi (1860-1945), esse pioneiro da nova Áustria, divide sua existência entre o palácio familiar, na Ringstrasse, e Kövesces, a casa de campo na Tchecoslováquia, a duas horas de trem de Viena. Desde 1867, os judeus gozam da plenitude dos direitos cívicos, o que lhes dá acesso à educação e à propriedade. A modernidade se exacerba durante o império de Francisco-José como no bairro parisiense Plaine Monceau: lotes vendidos aos financistas e aos industriais, especulação, exagero decorativo, festas de arromba dadas no "andar nobre", o *Nobelstock*, centrado no salão de baile. Todos aqueles colossais palácios de estuque e mármore, verdadeiro "fogo de artifício arquitetural" (p. 144), contrastam com a modéstia dos netsukes. Mas a grandiloquência não suplanta as humildes miniaturas e as crianças Ephrussi adoram brincar com o ratinho de buxo, o lutador seminu tomando impulso, o cervo perseguido e essa lebre com olhos de âmbar, como outras alinham sobre o tapete seus soldadinhos de chumbo.

Quando, em 1914, ordens de mobilização partem de Viena, redigidas nas vinte línguas do Império, os empregados franceses da Ringstrasse devem fazer suas malas e voltar para seu país. A família fica dilacerada, já que Viktor e o banco Ephrussi de Viena têm por inimigos Ephrussi et Cie., rue de l'Arcade, Paris, Ephrussi and Co, King Street, Londres, e a companhia Ephrussi em Petrogrado. Arruinado pela inflação, os empréstimos de guerra e a recusa catastrófica de deixar seus capitais saírem da Áustria, Viktor não tem mais que seu palácio na Ringstrasse. Será que ele ainda se preocupa com os netsukes, que não saíram daquela mesma vitrine?

As crianças deixam Viena uma após a outra: apaixonada por filosofia e economia, correspondente de Rainer Maria Rilke, primeira mulher a obter um doutorado em Direito pela Universidade de Viena, Élisabeth parte para os Estados Unidos e depois se casa com um holandês chamado De Waal; sua irmã Gisela se instala em Madri com seu marido em 1925; Iggie vai desenhar vestidos em Paris. Depois da *Anschluss*, a anexação da Áustria pela Alemanha, a política de espoliação nazista começa a ser posta em prática. É o golpe de misericórdia para a família Ephrussi: "A casa não lhes pertence mais. Está cheia de gente, de uniforme ou terno, que conta os cômodos e faz um levantamento dos objetos e dos quadros" (p. 295). Por vezes, os judeus têm que liquidar seus bens para poder aproveitar a *Reichsflucht* que lhes dá o direito de deixar o país. Em 12 de agosto de 1938, a sociedade Ephrussi é riscada do registro do comércio.

E os bonequinhos japoneses? Depois da guerra, Anna, a empregada da família, conta a Élisabeth como foi a pilhagem do palácio: "Eles estavam tão ocupados que não notaram nada! Estavam concentrados nos objetos maiores [...] Então eu simplesmente os peguei. Coloquei-os no meu colchão e dormi em cima" (p. 323). Gesto heroico, comovente, de uma mulher que, para a família Ephrussi, era apenas uma criada, ou seja, alguém invisível. E Anna restitui os

264 netsukes a Elisabeth. Seu irmão Iggie (1906-1994), que, falando perfeitamente alemão, inglês e francês, tornou-se oficial do serviço de informações do exército americano, se instala em Tóquio como exportador de cereais. Esse descendente dos "reis do trigo" leva os netsukes de volta a seu país de origem. Cereais e miniaturas: o círculo se fecha duplamente. Os netsukes são expostos na vitrine de um salão da Tóquio do pós-guerra, com vista para um jardim de camélias: é o seu penúltimo asilo, antes de Londres, com Edmund De Waal.

Através da diáspora

Nesse retorno às fontes, o Japão aparece como um oásis de paz, uma vez fechado o parêntese da monstruosidade europeia – antissemitismo, *Anschluss*, guerra, extermínio em massa –, impressão enganadora, evidentemente, pois uma parte importante das atrocidades cometidas antes e durante a Segunda Guerra Mundial é imputável ao imperialismo japonês.

Antes do apocalipse, os netsukes delimitam, para as crianças do palácio Ephrussi, um espaço autárquico, um microcosmos. "Virados para dentro" (p. 324), parecem autossuficientes. Sua durabilidade e sua dureza inspiram uma espécie de confiança. Essas lebres, esses cordames, essas nêsperas, essas cascas de noz encarnam um polo de estabilidade em meio ao *Umsturz*, o transtorno sofrido pelo mundo. Viktor, que permanecera um russo vienense por meio século, tornou-se apátrida; sua filha Élisabeth, nascida em Viena, obteve nacionalidade holandesa; Iggie foi sucessivamente austríaco, americano e cidadão austríaco residente no Japão; o esplendor dos Ephrussi se apagou, assim como foram dispersados seus quadros de grandes artistas, seus automóveis, seus vestidos, suas propriedades. Mas os netsukes não mudaram. Em sua perfeição, eles parecem inatingíveis, alheios ao envelhecimento, à deliquescência. Há aí como que um escândalo da beleza: "É normal que eles tenham encontrado um esconderijo para atravessar a guerra sem danos quando tanta gente se escondeu em vão?" (p. 329).

Mas, aí também, a inalterabilidade é enganadora. Esses seres infinitamente frágeis, suprassumo do refinamento, é preciso protegê-los fechando-os atrás de uma vitrine, chocando-os sob seu colchão, levando-os para passear em seu bolso. É a proteção dos homens que lhes confere uma solidez a toda prova e lhes permite sobreviver às viagens, ao exílio, às pilhagens, à guerra. Apesar de sua irrefragável densidade, sua permanência, seu polimento, os netsukes não mantêm a história a distância. Ao contrário, ela penetra com tudo em sua vitrine escancarada. Como diz De Waal citando Virgílio, *"sunt lacrimae rerum",* "as coisas têm lágrimas".[2]

Se são imortais, os netsukes se oferecem aos mortais. Cada um se apropria deles: Charles, o dândi, os oferece à admiração de seus amigos; as crianças do palácio Ephrussi brincam com eles no tapete; num templo dos arredores de Tóquio, o autor pronuncia um kadish à memória de Iggie, seu parente exilado de Viena. O investimento afetivo, a familiaridade, a transmissão, o salvamento, os deslocamentos imprimem aos netsukes a marca da desintegração familiar que os Ephrussi sofrem. Há uma correspondência entre essa coleção (frágil, contudo estável, conservando sua integridade apesar das vicissitudes) e a vida em diáspora, com seus exílios, sua dispersão, sua distância, a continuidade fiel a despeito do olvido que ameaça.

Um discurso sobre a história

Mas há algo mais importante, e é por essa razão que *The Hare with Amber Eyes* me tocou: essa obra de escritor, com sua sutileza psicológica, suas viagens no tempo e no espaço, suas imbricações narrativas, seus acentos elegíacos, sua exploração dos mundos da infância, é também um livro de história – e a palavra "história" não deve ser tomada aqui em sua acepção comum, como se bastasse evocar a haussmanização de Paris ou a Segunda Guerra Mundial para fazer obra de historiador. Literatura e raciocínio histórico: eu mesmo tentei essa simbiose num ensaio de biografia familiar, *História dos avós que não tive* (2012). As linhas que seguem podem

---

[2] Daniel Mendelsohn usa a mesma fórmula em seu livro *The Lost: A Search for Six in Six Million*, publicado em inglês em 2006 e traduzido para o francês no ano seguinte.

ser lidas tanto como uma resenha quanto como uma defesa de certa concepção da história – e da literatura.

De Waal conta como escritor e raciocina como historiador. As questões que ele (se) coloca superam de longe a história particular de sua família e dos indivíduos pitorescos que a compõem: a ramificação das famílias e das fortunas na Europa do século XIX, a assimilação ilusória dos judeus ocidentais entre a Emancipação e a Shoah, as migrações familiares, a circulação dos objetos, a unicidade da obra de arte no momento da massificação industrial. Evidentemente, De Waal só aborda essas questões através de alguns destinos singulares, encadeados pela filiação e pela posse dos netsukes. Mas, precisamente: ao se debruçar sobre certos paradoxos da modernidade, esse livro de história conectada mostra que não existe um corte entre nossas histórias de família e aquilo que se imagina ser a "História", que não há heterogeneidade entre os anônimos e os grandes, entre a intimidade das lembranças, o encaminhamento das vidas individuais e esse vasto espaço público nomeado passado.

Para questionar – oblíqua, fragmentariamente – esse passado, De Waal se apoia numa documentação rica e variada: lembranças e relatos de família, arquivos exumados na França ou na Áustria, jornais, quadros de grandes pintores, objetos de arte, etc. Essa diversidade de fontes traduz, além da abertura de espírito, a vontade de provar aquilo que se afirma. Obviamente não se encontrarão em *The Hare with Amber Eyes* as sacrossantas notas de rodapé; as investigações de arquivos nada têm de sistemáticas e a bibliografia é bastante magra, quando trabalhos recentes teriam trazido esclarecimentos interessantes sobre a Paris ou a Viena *fin-de-siècle*. Mas pouco importa: De Waal não é um historiador profissional. Em contrapartida, inconsciente ou intuitivamente ele pratica o método historiador. Isso pode parecer evidente, mas, nesse caso, convém sublinhar: a História não é feita apenas pelos historiadores. No caso, um artista-ceramista, que se faz também escritor e agrimensor do passado, retorna às fontes da disciplina que são, desde Heródoto, a investigação, a viagem, a descoberta, a travessia, a vagabundagem, o encontro, a coleta de testemunhos e de documentos, a vontade de aprender a ver e de "se entregar de corpo e alma".

O uso do "eu"

É provavelmente por não ser historiador profissional que De Waal não tem nenhum escrúpulo em recorrer ao "eu" e com ele enriquecer seu raciocínio. O eu do investigador-narrador-autor está em toda parte: "Eu vejo", "eu imagino", "eu me pergunto", "eu tento localizar", "eu desentoco num sebo", "eu reservo uma passagem", "eu me ponho a caminho", "eu não sei que interpretação dar a isso", "eu não consigo lutar contra a angústia", "eu simplesmente não compreendo", etc. Triplo "eu", na verdade: aquele da linhagem familiar e da herança artística, aquele do investigador que procede de maneira original, assombrado por questões, aquele da emoção que ele inevitavelmente sente. "Eu estou em Viena", escreve De Waal (2011, p. 139), "eu estou a dois passos da residência familiar e eis que *minha vista se embaça*". Sem falso pudor: o investigador duvida, resmunga, hesita, bagunça, se entusiasma, renuncia, às vezes encontra, e todos esses sentimentos, preconceitos, tremores, tropeços, ele não tem medo de expô-los, porque fazem inteiramente parte do processo de pesquisa. Modéstia da confissão, transparência da busca.

Fundamentais são os vaivéns entre o passado familiar e o presente do pesquisador, do ceramista, do descendente, do pai de família: ele próprio artista, De Waal recebe clientes e mecenas em seu ateliê no sul de Londres, apertado entre um *fast-food* antilhano e uma oficina mecânica. Essas relações de empatia, de familiaridade profissional, permitem-lhe compreender melhor seu antepassado: "Causa uma impressão estranha ler todas essas coisas sobre as atividades de mecenas de Charles, sobre sua amizade com Renoir e Degas. Para mim, acostumado a ser aquele que recebe a encomenda e não o que a faz, é uma inversão de ponto de vista vertiginosa" (p. 103). Já que o investigador conjuga sempre sua pesquisa ao presente, os historiadores não deviam ter medo de seu "eu", de sua intimidade, nem mesmo de suas dúvidas. Essa aparente audácia teria uma única consequência: aumentar a reflexividade de suas abordagens.

Em *The Hare with Amber Eyes*, a variedade das fontes, sua sobreposição, a preocupação de provar aquilo que se afirma, a obsessão não apenas pela realidade mas pela materialidade – monumentos, objetos, roupas – mostram que o raciocínio histórico (e sociológico) pode se aninhar no coração do literário. Não se trata aqui de tentar determinar o que a palavra "literatura" recobre, se é que isso é possível. Limito-me a formular a hipótese de que a literatura produz, por meio de uma escritura e de uma forma, uma emoção. Essa definição, por mais sumária que seja, tem pelo menos dois méritos: a simplicidade, que permite não excluir nenhum texto, e a plasticidade, que torna a literatura perfeitamente compatível com a pesquisa em Ciências Sociais. De fato, é possível elaborar textos que sejam inextricavelmente história e literatura, estando evidentemente assente que esta não é redutível à ficção. Posso assim definir minha *História dos avôs...* como uma literatura que satisfaz às exigências do método. Sob esse aspecto, De Waal é muito mais historiador que Daniel Mendelsohn, o que, evidentemente, não implica nenhum julgamento de valor sobre suas respectivas obras. As experiências narrativas e cognitivas que eles conseguiram realizar com brio não têm grande coisa em comum com a história romanceada que, querendo ser história e romance ao mesmo tempo, acaba não sendo nada.

Esses objetos híbridos permitem reformular o rico debate que tenta esclarecer, há alguns anos, as relações entre os "historiadores" e a "literatura". É crucial não moldar esse debate nas categorias profissionais, o que reificaria os dois gêneros: haveria de um lado Balzac e do outro Braudel (ou Bourdieu), o escritor e o estudioso, o criador e o pesquisador, etc. Também é fundamental não fazer "da" literatura uma entidade intemporal, vagamente fascinante, que os historiadores deveriam contemplar sonhadoramente ou manipular com prudência em sua pequena bancada de trabalho. Assim como um ceramista pode ser historiador, um historiador pode se fazer escritor combinando uma sensibilidade aos seres, ao mundo, às coisas, um "eu" reflexivo, uma construção narrativa e procedimentos científicos, a emoção decorrendo precisamente da tensão irresolvida entre todos esses elementos. Os historiadores podem, portanto, fazer literatura sem cessar por um só instante de serem historiadores, isto é, fiéis a um método e preocupados em produzir um discurso de verdade.

Bibliografia selecionada

ANDERSON, Benedict. *Imagined Communities: Reflections on the Origin and Spread of Nationalism*. Nova Iorque: Verso, 2006 [1983] [Edição brasileira: *Comunidades imaginadas: reflexões sobre a origem e a difusão do nacionalismo*. Tradução de Denise Bottmann. São Paulo: Companhia das Letras, 2008.]

ANNALES. HISTOIRE, SCIENCES SOCIALES. Paris, n. 56-1: Une histoire à l'échelle globale [Uma história em escala global], jan.-fév. 2001. (Número especial.)

ARMITAGE, David; SUBRAHMANYAM, Sanjay (Dir.). *The Age of Revolutions in Global Context, c. 1760-1840* [A era das revoluções em contexto global, c. 1760-1840]. Basingstoke: Palgrave MacMillan, 2010. (Uma história comparada e conectada das revoluções do fim do século XVIII escrita por um coletivo de grandes historiadores.)

AYDIN, Cemil. *The Politics of Anti-Westernism in Asia. Visions of World Order in Pan-Islamic and Pan-Asian Thought* [As políticas do antiocidentalismo na Ásia. Visões da ordem mundial no pensamento pan-islâmico e pan-asiático]. New York: Columbia University Press, 2007.

BAYLY, Christopher A. *The Birth of the Modern World 1780–1914. Global Connections and Comparisons* [O nascimento do mundo moderno 1780-1914. Conexões e comparações globais]. Oxford: Blackwell, 2004. (A primeira síntese de história global sobre o século XIX, pelo grande especialista na Índia colonial: uma verdadeira proeza.)

BEAUJARD, Philippe. *Les mondes de l'océan Indien*. Paris: Armand Colin, 2012. v. 1: *L'océan Indien, au coeur des globalisations de l'Ancien Monde (7ᵉ-15ᵉ siècles)*; v. 2: *De la formation de l'État au premier système-monde afro-eurasien*. [Os mundos do oceano Índico. v. 1: O oceano Índico, no coração das globalizações do Velho Mundo (séculos 7-15); v. 2: Da formação do Estado ao primeiro sistema-mundo afro-eurasiano.]

BEAUJARD, Philippe; BERGER, Laurent; NOREL, Philippe (Dir.). *Histoire globale, mondialisations et capitalisme* [História global, mundializações e capitalismo]. Paris: La Découverte, 2009. (Os processos plurisseculares de integração intercontinental: abordagens econômicas, demográficas, politológicas e sociológicas.)

BERGER, Suzanne. *Notre première mondialisation. Leçons d'un échec oublié* [Nossa primeira mundialização. Lições de um fracasso esquecido]. Paris: Seuil/La République des Idées, 2003. (Um ensaio sugestivo sobre os desafios políticos lançados à esquerda pela mundialização financeira entre 1880 e 1914.)

BERTRAND, Romain. Histoire globale, histoire connectée [História global, história conectada]. In: DELACROIX, Christian; DOSSE, François; GARCIA, Patrick; OFFENSTADT, Nicolas (Dir.). *Historiographies. Concepts et débats* [Historiografias. Conceitos e debates]. Folio. Paris: Gallimard, 2010. v. 1. p. 366-376.

BERTRAND, Romain. *L'histoire à parts égales. Récits d'une reencontre Orient-Occident (XVIe – XVIIe siècle)* [A história em partes iguais. Narrativas de um encontro Oriente-Ocidente (séc. XVI – XVII)]. Paris: Seuil, 2011. (Um grande livro, defesa de uma história simétrica das relações entre a Europa e o mundo.)

BOUCHERON, Patrick (Dir.). *Histoire du monde au XVe siècle* [História do mundo no século XV]. Coordenado por Julien Loiseau, Pierre Monnet, Yann Potin. Paris: Fayard, 2009 (reedição em 2 vol., Hachette: Pluriel, 2012a). (Como escrever uma história plural do mundo antes da mundialização? Um ensaio coletivo escrito por cerca de sessenta historiadores.)

BOUCHERON, Patrick. *Inventer le monde. Une histoire globale du XVe siècle* [Inventar o mundo. Uma história global do século XV]. Paris: La Documentation Française, 2012b. (Uma proposta de divulgação pedagógica das pesquisas recentes sobre um longo século XV que não se resume às "Grandes descobertas".)

BOUCHERON, Patrick. *L'entretemps. Conversations sur l'histoire* [O entretempo. Conversas sobre a história]. Lagrasse: Verdier, 2012.

BOUCHERON, Patrick. Les boucles du monde: contours du XVe siècle [Os meandros do mundo: contornos do século XV]. In: _____ (Dir.). *L'histoire du monde au XVe siècle* [A história do mundo no século XV]. Paris: Fayard, 2009. p. 9-30.

BRAUDEL, Fernand. *Civilisation matérielle, économie et capitalisme, XVe-XVIIIe siècle*. Paris: Armand Colin, 1979. 3 v. [Edição brasileira: *Civilização material, economia e capitalismo, séculos XV-XVIII*. Tradução de Telma Costa. São Paulo: Martins Fontes, 1995. 3 v.] (As estruturas do cotidiano; os jogos da troca; os tempos do mundo: uma grande síntese até hoje inigualada.)

BRAUDEL, Fernand. *La Méditerranée et le monde méditerranéen à l'époque de Philippe II*. Paris: Armand Colin, 1949. [Edição portuguesa: *O Mediterrâneo e o mundo Mediterrânico na época de Filipe II*. v. I-II. Lisboa: Dom Quixote, 1983-1984.]

BROCARD, Marie-Amélie. Les déclassés de l'histoire de France [Os desclassificados da história da França]. *Le Figaro Histoire*, n. 4, p. 58-69, oct.-nov. 2012.

BROOK, Timothy. *Vermeer's Hat: The Seventeenth Century and the Dawn of the Global World*. London: Profile Books, 2008; [Edição brasileira: *O Chapéu de Vermeer – o Século XVII e o Começo do Mundo Globalizado*. Tradução de Maria Beatriz de Medina. São Paulo: Record, 2012.] (Um grande especialista da China dos Ming se entrega ao jogo da história conectada: brilhante e lúdico.)

BROTTON, Jerry. *The Renaissance Bazaar: From the Silk Road to Michelangelo.* Oxford: Oxford University Press, 2002. [Edição brasileira: O Bazar do Renascimento: da rota da seda a Michelangelo. São Paulo: Grua Livros, 2009.]

BURBANK, Jane; COOPER, Frederick. *Empires in World History: Power and the Politics of Difference.* [Impérios na história-mundo: o poder e as políticas da diferença] Princeton: Princeton University Press, 2010 (O principal livro de 2010 sobre história mundial, uma história global dos impérios ao longo de dois milênios.)

BÜTTGEN, Philippe; LIBERA, Alain de; RASHED, Marwan; ROSIER-CATACH, Irène (Dir.). *Les Grecs, les Arabes et nous. Enquête sur l'islamophobie savante* [Os gregos, os árabes e nós. Investigação sobre a islamofobia douta]. Paris: Fayard, 2009.

CHAKRABARTY, Dipesh. *Provincializing Europe: Postcolonial Thought and Historical Difference.* [Provincializando a Europa: Pensamento pós-colonial e diferença histórica] Princeton: Princeton University Press, 2000. (Um manifesto dos *Postcolonial Studies*, para acabar com o eurocentrismo.)

CHAPPEY, Jean-Luc et al. *Pour quoi faire la Révolution* [Por que fazer a Revolução?]. Marseille: Agone, 2012.

CHRISTIAN, David. *Maps of Time. An Introduction to Big History* [Mapas do tempo. Uma introdução à grande história]. Berkeley: University of California Press, 2004.

CONNELLY, Matthew. *Fatal Misconception. The Struggle to Control World Population* [Um erro fatal de concepção. A luta para controlar a população mundial]. Cambridge (US): Harvard University Press, 2008. (Uma história global das políticas de controle dos nascimentos desde 1945.)

COQUERY-VIDROVITCH, Catherine. Plaidoyer pour l'histoire du monde dans l'université française [Defesa da história do mundo na universidade francesa]. *Vingtième Siècle*, n. 61, p. 111-125, jan.-mars 1999. (Um diagnóstico pioneiro sobre o provincialismo da universidade francesa.)

DAS GUPTA, Ashin. *Indian Merchants and the Decline of Surat, 1700-1750* [Mercadores indianos e o declínio de Surate]. Wiesbaden: Franz Steiner, 1979.

DAVIS, Natalie Zemon. Decentering History: Local Stories and Cultural Crossing in a Global World [Descentrando o local da história. Estórias e cruzamento cultural num mundo global]. *History and Theory*, v. 50, p. 188-202, 2011.

DE WAAL, Edmund. *The Hare with Amber Eyes. A Hidden Inheritance.* London: Random House, 2010. [edição brasileira: *A lebre com olhos de âmbar.* Tradução de Alexandre Barbosa de Souza. Rio de Janeiro: Intrínseca, 2011.] (Um famoso ceramista resolve pesquisar seus antepassados seguindo o percurso de bonequinhos japoneses: um best-seller inglês.)

DIDI-HUBERMAN, Georges. *Peuples exposés, peuples figurants. L'oeil de l'histoire.* v. 4 [Povos expostos, povos figurantes. O olho da história. v. 4]. Paris: Éditions de Minuit, 2012.

DIDI-HUBERMAN, Georges. *Survivance des lucioles.* Paris: Éditions de Minuit, 2009. [Edição brasileira: *Sobrevivência dos vaga-lumes.* Tradução de Vera Casa Nova e Márcia Arbex. Belo Horizonte: Ed. da UFMG, 2011.]

DOUKI, Caroline; MINARD, Philippe. Histoire globale, histoires connectées: un changement d'échelle historiographique ? [História global, histórias conectadas: uma mudança de escala historiográfica?]. *Revue d'Histoire Moderne et Contemporaine,* n. 54-4bis: Histoire globale, histoires connectées [História global, histórias conectadas], p. 7-21, 2007.

DULLIN, Sabine; SINGARAVÉLOU, Pierre (Dir.). Le débat transnational, XIXe-XXIe siècle [O debate transnacional, séculos XIX-XXI]. *Monde(s). Histoire, Espaces, Relations,* maio 2012. [Primeiro número da nova revista.]

FAUVELLE, François-Xavier. *Le rhinocéros d'or. Histoires du Moyen Âge africain* [O rinoceronte de ouro. Histórias da Idade Média africana]. Paris: Alma, 2013. p. 245-256.

GOODY, Jack. *The East in the West.* Cambridge (UK): Cambridge University Press, 1996 [Edição portuguesa: *O Oriente no Ocidente.* Lisboa: Difel, 2000.]

GOODY, Jack. *Renaissances: The One or the Many?* Cambridge (UK): Cambridge University Press, 2010. [Edição brasileira: *Renascimentos: um ou muitos?* Tradução de Magda Lopes. São Paulo: Ed. da Unesp, 2011.]

GOODY, Jack. *The Theft of History.* Cambridge (UK): Cambridge University Press, 2006. [Edição brasileira: *O roubo da história. Como os Europeus se Apropriaram das Ideias e Invenções do Oriente.* Tradução de Luiz Sergio Duarte da Silva. São Paulo: Contexto, 2008.] (Uma vigorosa crítica feita pelo grande antropólogo britânico à maneira como os europeus deturparam a história: estimulante e polêmico.)

GRATALOUP, Christian. *Faut-il penser autrement l'histoire du monde ?* [É preciso pensar de outro modo a história do mundo?]. Paris: Armand Colin, 2011. (O ponto de vista geo-histórico, pelo autor de uma notável *Géohistoire de la mondialisation : le temps long du monde*).

GRATALOUP, Christian. *Géohistoire de la mondialisation : le temps long du monde* [Geo-história da mundialização: o tempo longo do mundo]. Paris: Armand Colin, 2007.

GROSSER, Pierre. L'histoire mondiale/globale, une jeunesse exubérante mais difficile. [A história mundial/global, uma juventude exuberante mas difícil]. *Vingtième Siècle,* n. 110, p. 3-18, 2011.

GRUZINSKI, Serge. Faire de l'histoire dans un monde globalisé [Fazer história num mundo globalizado]. *Annales. Histoire, Sciences Sociales,* v. 66, n. 4, p. 1081-1091, 2011.

GRUZINSKI, Serge. *L'aigle et le dragon. Démesure européenne et mondialisation au XVIe siècle* [A águia e o dragão. Desmesura europeia e mundialização no século

XVI]. Paris: Fayard, 2012. (Por que os espanhóis conseguiram conquistar a América quando os portugueses fracassavam na China?)

GRUZINSKI, Serge. *Les quatre parties du monde. Histoire d'une mondialisation*. Paris: La Martinière, 2004. [Edição brasileira: As quatro partes do mundo. História de uma mundialização. Tradução de Cleonice Paes Barreto Mourão e Consuelo Fortes Santiago. São Paulo: Edusp, 2014.] (A obra pioneira, e hoje clássica, sobre a mundialização ibérica no século XVI.)

ITTERSUM, Martine van; JACOBS, Jaap. Are We All Global Historians Now? An Interview with David Armitage [Somos todos historiadores globais agora? Uma entrevista com David Armitage]. *Itinerario*, v. 36, n. 2, p. 7-28, 2012.

JABLONKA, Ivan. *Histoire des grands parents que je n'ai pas eus* [História dos avôs que não tive]. Paris: Seuil, 2012.

JOBARD, Thierry. Décentrer le regard [Descentrar o olhar]. *Sciences Humaines*, n. 212, fév. 2010.

LE DÉBAT. Paris, n. 54: Écrire l'histoire du monde [Escrever a história do mundo, mars-avr. 2009. [Número especial.]

LOMBARD, Denys. *Le Carrefour javanais. Essai d'histoire globale* [A encruzilhada javanesa. Ensaio de história global]. Paris: Éditions de l'EHESS, 1990. 3 v. (Um livro profundamente inovador de história regressiva de um espaço interconectado: o *Mediterrâneo* de hoje em dia?)

MAUREL, Chloé. La World/Global History : questions et débats [A *World/Global History*: questões e debates]. *Vingtième Siècle*, n. 104, p. 153-166, 2009.

MCNEILL, John. *Something New Under the Sun. An Environmental History of the Twentieth-Century World* [Algo novo sob o sol. Uma história ambiental do século XX]. New York: W. W. Norton & Company, 2001. (Uma síntese sobre o século XX por um dos grandes especialistas da história ambiental.)

MENDELSOHN, Daniel. *The Lost: A Search for Six in Six Million*. Nova Iorque: Harper Perennial, 2006. [Edição brasileira: Os desaparecidos. A procura de seis em seis milhões de vítimas do holocausto. Rio de Janeiro: Casa da Palavra, 2008.]

MONDE(S). HISTOIRE, ESPACES, RELATIONS. Paris, n. 1: Le débat transnational [O debate transnacional], mai 2012. [Número especial.]

NEEDHAM, Joseph. *Science and Civilization in China*. [Ciência e civilização na China] Cambridge (UK): Cambridge University Press, 1954.

NOREL, Philippe; TESTOT, Laurent (Dir.). *Une histoire du monde global* [Uma história do mundo global]. Auxerre: Sciences Humaines, 2012. (Uma antologia enérgica de artigos publicados no blog Histoire Globale, oferecendo um panorama militante sobre os usos públicos e pedagógicos da história global.)

NOREL, Philippe; TESTOT, Laurent; CAPDEPUY, Vincent. Pourquoi le monde a besoin d'histoires globales [Por que o mundo precisa de histórias globais?]. In: NOREL, Philippe; TESTOT, Laurent (Dir.). *Une histoire du monde global* [Uma história do mundo global]. Auxerre: Sciences Humaines, 2012. p. 5-10.

PERDUE, Peter C. *China Marches West. The Qing Conquest of Central Eurasia* [A China marcha para o Ocidente. A conquista Qing da Eurásia Central]. Cambridge (US): Belknap Press of Harvard University Press, 2005.

POMERANZ, Kenneth. *La force de l'Empire. Révolution industrielle et écologie, ou pourquoi l'Anglaterre a fait mieux que la Chine* [A força do Império. Revolução industrial e ecologia, ou por que a Inglaterra fez melhor que a China]. Tradução de Vincent Bourdeau, François Jarrige e Julien Vincent e introdução de Philippe Minard. Alfortville: Éditions Ère, 2009. (Trata-se de uma coletânea de artigos que apresenta de maneira sucinta a tese desenvolvida por Kenneth Pomeranz em *The Great Divergence. China, Europe, ant the Making of the World Economy* antes de sua tradução para o francês.)

POMERANZ, Kenneth. *The Great Divergence. China, Europe, ant the Making of the World Economy*. Princeton: Princeton University Press, 2000. [Edição portuguesa: A grande divergência: a China, a Europa e a formação da economia mundial moderna. Lisboa: Edições 70, 2013.] (Um clássico da história econômica global que oferece uma releitura do processo de industrialização à luz da comparação China/Inglaterra.)

POMIAN, Krzystof. *World History*: histoire mondiale, histoire universelle [*World History*: história mundial, história universal]. *Le Débat*, n. 54: Écrire l'histoire du monde, p. 14-40, mars-avr. 2009.

PRODI, Paolo. *Storia moderna o genesi della modernità?* [História moderna ou gênese da modernidade?]. Bologna: II Mulino, 2012.

REVUE D'HISTOIRE MODERNE ET CONTEMPORAINE. Paris, n. 54-4bis: Histoire globale, histoires connectées [História global, histórias conectadas], oct. 2007. [Número especial da revista.]

SALLMANN, Jean-Michel. *Le grand désenclavement du monde, 1200-1600* [A grande abertura do mundo, 1200-1600]. Paris: Payot, 2011. (A grande narrativa sintética, de uma só voz, da ocidentalização do mundo.)

SCHAUB, Jean-Frédéric. "Nous les barbares". Expansion européenne et découverte de la fragilité intérieure ["Nós, os bárbaros". Expansão europeia e descoberta da fragilidade interior]. In: BOUCHERON, Patrick (Dir.). *L'histoire du monde au XVe siècle* [A história do mundo no século XV]. Paris: Fayard, 2009. p. 813-829.

SCHAUB, Jean-Frédéric. *L'Europe a-t-elle une histoire ?* [A Europa tem uma história?]. Paris: Albin Michel, 2008.

SHRYOCK, Andrew; SMAIL, Daniel Lord. *Deep History. The Architecture of Past and Present* [História profunda. A arquitetura do passado e do presente]. Berkeley: University of California Press, 2012.

STANZIANI, Alessandro (Dir.). *Le travail contraint en Asie et en Europe, XVIIe-XXe siècle* [O trabalho forçado na Ásia e na Europa, séculos XVII-XX]. Paris: Éditions de la MSH, 2010. (Uma história comparada das formas intermediárias de trabalho, entre escravidão e assalariamento.)

STANZIANI, Alessandro. *Bâtisseurs d'empires. Russie, Chine et Inde à la croisée des mondes, XV*ᵉ*-XIX*ᵉ *siècle* [Construtores de impérios. Rússia, China e Índia no cruzamento dos mundos, séculos XV-XIX]. Paris: Raisons d'Agir, 2012. (Uma evocação irreverente e sugestiva dos três grandes impérios eurasiáticos da época moderna, ou como a história comparada pode prescindir da referência à Europa Ocidental.)

SUBRAHMANYAM, Sanjay. Connected Histories: Notes Towards a Reconfiguration of Early Modern Eurasia [Histórias conectadas: Notas para uma reconfiguração da Eurásia do início da modernidade]. *Modern Asian Studies*, 1997, v. 31, n. 3, p. 735-762, 1997. [O artigo fundador da história conectada.]

SUBRAHMANYAM, Sanjay. *The Career and Legend of Vasco da Gama,* Cambridge, Cambridge University Press, 1997. [Edição portuguesa: *A carreira e a lenda de Vasco da Gama*. Tradução de Pedro Miguel Catalão. Lisboa: Comissão Nacional para as Comemorações dos Descobrimentos Portugueses, 1998.] (Uma biografia sem concessões do "herói nacional" português, ou como sair da narrativa triunfalista das "Grandes Descobertas".)

SUBRAHMANYAM, Sanjay. *The Political Economy of Commerce. Southern India 1500-1650* [A economia política do comércio. Sul da Índia 1500-1650]. Cambridge (UK): Cambridge University Press, 1990.

TOLEDO, Camille de. *L'inquiétude d'être au monde* [A inquietude de estar no mundo]. Lagrasse: Verdier, 2012.

TRIVELLATO, Francesca. Is There a Future for Italian Microhistory in the Age of Global History? [Há um futuro para a micro-história italiana na era da história global?]. *Californian Italian Studies*, v. 2, n. 1, 2011. Disponível em: <http://escholarship.org/uc/item/0z94n9hq>. Acesso em: 26 mar. 2015.

TRIVELLATO, Francesca. *The Familiarity of Strangers. The Sephardic Diaspora, Livorno, and Cross-Cultural Trade in the Early Modern Period* [A familiaridade dos estrangeiros. A diáspora sefardita, Livorno e o comércio transcultural no início do período moderno]. New Haven; Londres: Yale University Press, 2009. (Uma abordagem de história conectada sobre a construção das relações mercantis na idade moderna.)

Os autores

Patrick Boucheron é professor de História da Idade Média na Université Paris 1 Panthéon-Sorbonne.

Jane Burbank é professora de História Russa e de Estudos Eslavos na New York University.

Frederick Cooper é professor de História Africana e Colonial na New York University.

Anne-Julie Etter é ex-aluna da École Normale Supérieure, professora e doutora em História.

Thomas Grillot é pesquisador do Centro de Estudos Norte-americanos do Centre Nationale de la Recherche Scientifique.

Ivan Jablonka é mestre de conferências na Université du Maine Centre de Recherches Historiques de l'Ouest e pesquisador associado no Collège de France.

Philippe Minard é professor de História Moderna na Université Paris 8 e diretor de estudos na École des Hautes Études en Sciences Sociales.

Éric Monnet é doutor em Economia pela École des Hautes Études en Sciences Sociales e pós-doutorando na Université de Gand.

Jacques Revel é diretor de estudos na École des Hautes Études en Sciences Sociales e professor da New York University.

Este livro foi composto com tipografia Bembo e impresso
em papel Pólen Bold 90 g/m² na Gráfica Paulinelli.